Lothar Baier

Volk ohne Zeit

Lothar Baier

Volk ohne Zeit

Essay über das eilige Vaterland

Verlag Klaus Wagenbach Berlin

Originalausgabe

Wagenbach: Taschenbuch 182

Umschlaggestaltung Rainer Groothuis unter Verwendung
des Bildes *Sightseeing-Flug 1* von Dieter Asmus

Das Karnickel, das 182., zeichnete wie stets Horst Rudolph
Gesamtherstellung durch die Druckerei Wagner, Nördlingen
Gesetzt aus der Borgis Plantin

ISBN 3 8031 2182 5

Inhalt

1 *Maske der Langsamkeit* 7

2 *Zivilisation der Zeit* 16

3 *Volk ohne Raum* 30

4 *Deutsche Raserei, abgasgereinigt* 43

5 *Schmerzlose Erinnerung* 59

6 *Das geregelte Chaos* 73

7 *Der Feind im Taschenrechner. Nachlese zur Rushdie-Affäre* 83

8 *Vereinigung als Fusion zweier Zeiten* 99

9 *Freuds Melancholie, deutsches Glück* 112

Denn wer begriffen hat,
wie kurz das Leben ist,
hat Zeit ...

THOMAS ROSENLÖCHER,
»Schneebier«

1 *Maske der Langsamkeit*

Wenn es hoch über den Köpfen knallte und die Scheiben klirrten, reckten die Kinder die Hälse, um den Spuk zu erhaschen, der aus heiterem Himmel Donnerschläge erzeugte. Dieser Spuk der fünfziger Jahre war in der Regel ein amerikanischer Spuk. Ein *Super-Sabre,* ein Düsenjagdflugzeug mit gepfeilten Tragflächen, hatte Mach 1 überschritten. Die Kinder der fünfziger Jahre sagten nicht Mach 1, sie sagten »die Schallmauer durchbrochen«. Die Mauer war unsichtbar, regte aber gerade deshalb die Phantasie an. Mit Krach und Getöse hat der *Supersäbel* ein Loch gerissen. Hinter der Mauer lockte das vielversprechende Reich des Überschalls, in dem andere Gesetze herrschten als auf der Erde. Während unten der Laut dem Ereignis hinterherhinkte, fielen dort oben mit steigender Geschwindigkeit Sehen und Hören zusammen.

Aus den USA kamen Bilder von noch viel schnelleren Versuchsflugzeugen, die mit ihren nur noch angedeuteten Tragflächen immer mehr einem Pfeil glichen, der die Zeit durchrast, die rasende Zeit selbst symbolisiert. Diese mit der Reihenbezeichnung X versehenen Maschinen erreichten Mach 2, Mach 3 und noch mehr. Jenseits der einmal durchbrochenen Schallmauer schien es keine Grenzen für die Steigerung der Geschwindigkeit zu geben. Der Überschallknall wurde freudig begrüßt, weil er jedesmal von neuem den Anbruch eines neuen Zeitalters verkündete, das mit dem trägen Schall auch die Trägheit der irdischen Angelegenheiten hinter sich ließ.

Dreißig Jahre später weckt der Überschallknall Aggressionen. Die rasenden Pfeile der Reihe X sind ins Museum der US Air Force bei Dayton in Ohio gewandert. Die amerikanischen Flugzeugkonstrukteure haben von der Steigerung der Geschwindigkeit auf das Ziel umgesattelt, die Maschinen leiser und sparsamer und gleichzeitig immer weniger sichtbar zu machen, wenigstens für die elektronischen Augen. Der Wandel dient zwar in erster Linie militärischen Zwecken, kommt aber zugleich veränderten Empfindlichkeiten entgegen. Aus den tempobegeisterten Kindern der fünfziger Jahre sind lärmempfindliche und antimilitaristische Erwachsene geworden. Der Knall am Himmel ist für sie bestenfalls ein Anlaß, einen Protestbrief ans Verteidigungsministerium zu schreiben und eine Bürgerinitiative gegen Tiefflüge zu gründen. Krach am Himmel verheißt in den achtziger Jahren in der Tat nichts Gutes mehr, seit kurz hintereinander mehrere der schnellen Maschinen über bewohnten Gebieten der Bundesrepublik kollidierten oder einzeln abstürzten. Die italienische militärische Kunstflugstaffel, die im Sommer 1988 die Katastrophe von Ramstein inszenierte, hat nicht nur zur rechten Zeit das Fernsehen mit Bildern beliefert, die der gestiegenen Empfindlichkeit schmeichelten, sie hat auch mit ihrem Namen »Frecce tricolori« die Idee des Pfeils als Symbol von Kraft, Schnelligkeit und Fortschritt diskreditiert. Gemächlichere praktische, zivilisatorische und geschichtliche Fortbewegungsarten waren angesagt.

1983 veröffentlichte Sten Nadolny seinen Roman *Die Entdeckung der Langsamkeit.* Im März 1990 gibt das Impressum an, daß sich die Hardcoverausgabe in der 17. Auflage, 231. bis 280. Tausend befindet und die Taschenbuchausgabe in der 11., 176. bis 225. Tausend. Bei einem Erfolg dieser Größenordnung läßt sich durchaus von einem gelungenen soziologischen Experiment sprechen. Die Entdeckung der Langsamkeit muß eine Ader getroffen haben, die gesellschaftlich kräftig unterhalten wird.

Wir haben es nicht mehr eilig. Nachdem wir die schnellen Maschinen vom Himmel über den Wohngebieten verbannt haben, fahren wir selbst dort freiwillig mit dreißig Stundenkilometern, damit uns niemand vorwerfen kann, wir gingen selbst auf der Straße das Risiko von Massakern ein, über die wir uns empören, wenn sie aus den Wolken fallen. Geduldig kriechen wir auf verengten Stadtstraßen dahin und umrunden, ohne zu murren, freundlich bepflanzte Schikanen, die den Fahrweg versperren. Am liebsten lassen wir das Auto auf einem der Parkplätze stehen, die man gewonnen hat, als man die Straßen verengte, und gehen zu Fuß. Zur Entdeckung der Langsamkeit. Sten Nadolny hat uns gerade erzählt, daß erst der langsame Blick in der Lage ist, bestimmte Vorgänge in der Wirklichkeit überhaupt zu erkennen.

Die deutsche Vereinigung eröffnet in dieser Beziehung die erfreulichsten Perspektiven. Die Langsamkeit, die in der Bundesrepublik erst entdeckt werden mußte, hat in der DDR schon immer als modus vivendi existiert, wird von dort erzählt. »Ich komme manchmal von München auf der Autobahn, auf der die ersten Kilometer ganz furchtbar sind, die man nur ganz langsam fahren kann, und plötzlich sehe ich dann das erste, zweite und dritte Dorf dort in Thüringen, zu dem nicht einmal Straßen hinführen, jedenfalls nicht von der Autobahn aus, man sieht sie nur, sie liegen ganz nahe, da ist so eine Versunkenheit, und dann sage ich mir: weshalb bin ich eigentlich weggefahren, was ich suche, ist hier . . . es ist auch die größere Stille.«[1] Zehn Jahre, nachdem der Schriftsteller Stephan Hermlin diese Sätze schrieb, brechen die Westdeutschen scharenweise hinter ihren verlangsamenden Betonkübeln auf, um auf den Straßen und in den Dörfern Thüringens naturbelassene Langsamkeit und Stille zu erfahren. Die Vereinigung der Bundesrepublik Deutschland und der Deutschen Demokratischen Republik kann deshalb als ein neuartiger kultureller Prozeß beschrieben werden, bei dem zwei Arten von Langsamkeit und zwei Arten von Stille, die eine eher aus dem Mangel geboren und die andere aus der Fülle, zusammen eine ganz neue Qualität von moderner, aber ruhiger, zeitgemäßer, aber geschichtshaltiger Gemächlichkeit hervorbringen. Slow is beautiful.

Nur ist das alles nicht wahr. An der Herausbildung der vereinigten deutschen Langsamkeit verrät sich etwas von dem wahnwitzigen Tempo, das die Gesellschaft in der Tiefe umtreibt. Kratzt man nur ein wenig an der gemächlichen Oberfläche, kommt darunter eine kollektive Obsession durch die Geschwindigkeit zum Vorschein, das heißt die hysterische Angst, zu spät zu kommen. Da die Obsession gelernt hat, sich nach außen geschickt zu tarnen und zu schweigen, bedarf es geeigneter Szenen und Konstellationen, um sie aus ihrem Versteck hervorzulocken und zum Sprechen zu bringen.

Eine solche Szene kam auf einem Treffen von Autoren aus der DDR und der BRD zustande, das sich im Februar 1990, drei Monate nach Öffnung der Berliner Mauer, in Westberlin mit »deutschen Fragen« beschäftigte. Ganz im Sinn der Entdekkung der Langsamkeit sprach der ostberliner Lyriker und Zwetajewa-Übersetzer Richard Pietraß davon, daß er es vorziehe, im Angesicht des Tempos, das der deutsche Vereinigungsprozeß angenommen hat, »im Bremserhäuschen zu sitzen« statt im Führerstand.

Dagegen erhob sich sogleich Protest. Und zwar kein artikulierter Protest, der sich ausgesprochener Argumente bedient, der etwa darauf hingewiesen hätte, daß seit Öffnung der Berliner Mauer eine Dynamik der Beschleunigung entstanden ist, die über die Köpfe der einzelnen hinweggeht und im Kopf auch nicht gebremst werden kann. Sondern ein Protest aus tiefergelegenen Regionen, der einem allgemeinen, spontanen, heftigen, wenn auch wortlosen Aufschrei glich. Er stellte den Bremser an einen unsichtbaren Pranger. Wer war denn so naiv, die Rede von der Langsamkeit wörtlich zu nehmen? Oder hatte der Zwetajewa-Übersetzer Pietraß damit seine Sehnsucht nach russischen Zuständen zu erkennen gegeben, dem sprichwörtlichen Reich der Gemächlichkeit? Oder verbarg sich in dem unschuldig dreinblickenden Hang zur Langsamkeit etwas noch Abscheulicheres, nämlich die heimliche Absicht, den rasenden deutschen Einheitszug abzubremsen, um den stillgelegten Realsozialismus noch einmal aufholen zu lassen?

Zum Glück bilden die hartnäckigen Freunde der Langsamkeit in Deutschland eine verschwindende Minderheit, die keinen größeren Schaden zu stiften vermag. Die überwältigende Mehrheit der Deutschen scheint begriffen zu haben, daß die Langsamkeit geradewegs in die Katastrophe führt, die sie verhindern soll. In der Welt von heute ist die Assoziation von Geschwindigkeit mit Gefahr und von Langsamkeit mit Sicherheit selbst überholt. In dieser Hinsicht ist die Katastrophe von Ramstein eine falsche Katastrophe, oder besser eine atavistische Katastrophe, aus der die entsprechenden atavistischen Konsequenzen gezogen wurden. Ein viel wahrerer Unfall hat sich im gleichen Jahr am Flugplatz von Habsheim bei Mülhausen im Elsaß ereignet, eine, wenn auch glimpflich ausgegangene, Katastrophe der Langsamkeit: Bei dem Versuch, gewissermaßen die Grenzen der negativen Beschleunigung des neuen Airbus A 320 auszutesten, hatten die Piloten die Gewalt über ihre halsbrecherisch schleichende Maschine verloren und sie in den Wald fallen lassen.

Die deutschen Entdecker der Langsamkeit bringen das Meisterstück fertig, nicht nur die Außenwelt hinters Licht zu führen, sondern sich selbst mit einer Komödie der Langsamkeit zu unterhalten und zu betrügen, bis in raren Augenblicken der Wahrheit ihre Obsession durch die Geschwindigkeit sichtbar wird. Der Prozeß der Vereinigung von DDR und BRD präsentiert sich trotz der längst gefallenen Generalentscheidung über ihren Ausgang als abwechslungsreiches und in seiner Szenenfolge noch nicht vorhersehbares Schauspiel, bei dem es darum geht, das rasende Tempo der Vereinigung hinter den Kulissen zu verstecken oder es in eine Serie verlangsamter Bilder aufzulösen, nach dem Muster der alten Geometrie, die sich die Kreislinie als Folge von vielen kleinen Geraden dachte. Das neue deutsche Tempo verwandelt sich vor unser aller Augen in eine Kette unendlicher vieler Stockungen und Langsamkeiten. Aber Tempo bleibt es trotzdem, und wenn die Kulissenschieber nicht aufpassen, macht es sich zwischen zwei langsamen Szenen bemerkbar, fast geräuschlos, denn es ist schneller als der Schall.

Entgegen dem Augenschein hat sich die Freude der Kinder von 1955 an Mach 1 und jenseits davon keineswegs verloren. Herangewachsen, an die Schalthebel gerückt und entsprechend vorsichtiger geworden, haben sie als erstes den Überschallknall schallgedämpft. Er erinnerte doch gar so sehr an die alte Artillerie. Frankreich und Großbritannien blieb es überlassen, ihre *Concorde* mit Hilfe von Steuergeldern auf Mach 2 zu beschleunigen und Geschwindigkeit sichtbar auszustellen. Mach 1 und darüber verschwand vom Himmel, aber nicht, um überhaupt zu verschwinden, sondern um sich unsichtbar zu machen. Die Beschleunigung findet im Innern des Wirtschafts- und Gesellschaftsapparats statt. Niemand hat etwas davon, wenn der Schall allein hoch oben in der Stratosphäre überrundet wird, wo der Effekt der Überrundung sinnlos verpufft. Die *Concorde* muß gewaltig abbremsen, bevor sie den trägen Boden der Landebahn berühren kann, das heißt, ihr Produkt Hochgeschwindigkeit wieder vernichten. Was aber, wenn der Boden, der die Landebahn trägt, selbst die Beschleunigung der mit mehr als Mach 1 dahinrasenden Maschine erreicht?

Die Bundesrepublik Deutschland gleicht in vielfacher Hinsicht dem Märchenreich, von dem die zu den *Super Sabres* aufblickenden Nachkriegskinder träumten. Es kann in ihr deshalb vergleichsweise geräuscharm zugehen, weil sie den großen Knall schon hinter sich hat. Die Geschosse aus den neuen Maschinenpistolen der württembergischen Firma Heckler & Koch fahren, weil nur auf Unterschallgeschwindigkeit beschleunigt, nahezu lautlos aus dem Rohr und treffen dennoch mit voller Wucht ihr entferntes Ziel.

Ohne die Massenflucht aus der DDR, den friedlichen Umsturz, die Öffnung der Mauer und der innerdeutschen Grenzen und den davon unaufhaltsam in Gang gesetzten Prozeß der deutschen Vereinigung wäre vielleicht noch länger verborgen geblieben, in was für einem Tempobereich sich die Bundesrepublik vierzig Jahre nach ihrer Gründung bewegt. Im Augenblick des Kontakts mit der anders verfahrenden DDR war die westdeutsche Geschwindigkeit nicht mehr zu verheimlichen. Wie lange es dauert, bis der ganze Apparat DDR auf westdeutsche Touren gebracht sein wird und dann zusammen mit der BRD ein einziges Aggregat mit dem Namen »Deutschland« bildet, läßt sich noch nicht voraussagen, aber hier geht es auch nicht um Zeitpläne, sondern um die Beherrschung der Zeit schlechthin und um die Frage, wie es gerade den Deutschen gelungen ist, sich in der Technik der Zeitökonomie an die Spitze zu setzen.

Denn es kann kein Zweifel darüber bestehen, daß die Bundesrepublik Deutschland, so wie sie 1990 dasteht und alle ökonomischen Rekorde schlägt, ihre dominierende Position noch anderen Faktoren verdankt als den Nachwirkungen der amerikanischen Marshall-Hilfe, von der im Zusammenhang mit der ungünstigen Bilanz der von der Sowjetunion damals zur Ader gelassenen DDR wieder häufig die Rede ist. Da sich die DDR ihrerseits trotz schlechter Ausgangsbedingungen und notorischem Rohstoffmangel innerhalb des Ostblocks zum Spitzenreiter entwickelt hatte, dessen Produktionsleistung die einiger Mitgliedstaaten der Europäischen Gemeinschaft in den Schatten stellte, reicht der Systemunterschied zwischen zentral gelenkter Planwirtschaft und Marktwirtschaft nicht aus, um allein die Unterschiede der wirtschaftlichen Bilanzen zu erklären.

Es hat den Anschein, als habe die neue Lage, die in der Welt mit dem Ende der Blockkonfrontation entstanden ist, die Deutschen am wenigsten unvorbereitet getroffen. Der Rückzug der Sowjetunion aus der Konkurrenz der östlichen und westlichen Hemisphäre bedeutet das Auslaufen der Zeitordnung, die seit dem Ende des Zweiten Weltkriegs gegolten hat. Sie war bestimmt gewesen von dem Spiel der Strategie, das um den militärischen Zugriff auf Territorien geführt wird, und dessen Verkoppelung mit dem Geltungsanspruch von Ideologien. Der Sprachgebrauch, der von »östlich« und »westlich« spricht und es offenläßt, ob er die Geographie oder ein ideologisches Kennzeichen meint, trägt dieser Verkoppelung Rechnung. Sie hat die strategische Rivalität zwischen den Territorialmächten USA und Sowjetunion in eine Systemkonkurrenz überführt, die die technisch-ökonomischen Energien entfesselte und gleichzeitig in

Schranken hielt: Auf der einen Seite »Sputnik-Schock« mit nachfolgendem amerikanischen Weltraumprogramm und den davon angestoßenen Impulsen, auf der anderen Seite Cocom-Liste und andere Beschränkungen des freien Warenverkehrs aus ideologischen und strategischen Gründen.

Was nun, am Beginn des letzten Jahrzehnts des 20. Jahrhunderts, im Augenblick des Rückzugs der Sowjetunion aus der Konkurrenz zweier geschlossener Lager als »Ende des Sozialismus« oder »Sieg der Marktwirtschaft« in immer noch ideologischen Begriffen beschrieben wird, bedeutet die Entkoppelung von Strategie und Ideologie. Alleingelassen, nimmt beider Einfluß auf den Gang der Entwicklung ab: Alle Welt bekennt sich zu den »westlichen Werten«, die damit ihren Wert als Unterscheidungsmerkmal verlieren. Man kann sich für sie im wörtlichen Sinn nichts mehr kaufen (was etwa Litauen schmerzlich erfahren mußte, als es vergeblich versuchte, unter Hinweis auf seinen Freiheitswillen norwegisches Öl unter Weltmarktkurs zu erwerben). Umsomehr wird Geld mit Zeit identisch. Es gilt nur noch eine einzige Zeitordnung, und sie ist ökonomisch bestimmt. In dieser Welt übt Macht aus, wer dank seiner ökonomischen Potenz die Uhr der Weltzeit stellt, der ökonomischen Zeit, der einzigen, die nach der Schwächung ihrer strategischen und ideologischen Bestimmung universell dominiert.

Den besten Beweis dafür, daß die strategisch-ideologische Uhr abzulaufen beginnt, liefert die amerikanische Antwort auf den sowjetischen Rückzug. Sie ist viel leiser ausgefallen, als nach den biblischen Verwünschungen des »Reichs des Bösen« aus der Zeit von Ronald Reagan zu erwarten war. Das liberale Amerika hat sich im Unterschied zu Westeuropa davor gehütet, in ein Triumphgeschrei über das »Ende des Sozialismus« auszubrechen. Es hat vielmehr begriffen, daß die USA von der Krise der Sowjetmacht nichts zu gewinnen haben, weil diese Krise die Basis ihrer eigenen Macht, die militärische Beherrschung bedeutender Territorien und die ideologische Besetzung dieser Herrschaft, in Mitleidenschaft zieht. Die wachsenden ökonomischen Probleme der USA, die, wie die gigantische Staatsverschuldung, aus den Kosten der traditionellen Machtausübung herrühren, sind ein Symptom der Machtverlagerung von der Dimension des Raums in die Dimension der Zeit.

Daß Japan und Deutschland, die Verlierer des Zweiten Weltkriegs, zu den großen Profiteuren der Krise gehören, von der die Bezwinger der einstmaligen Achsenmächte, die USA und die Sowjetunion, geschlagen sind, mag vor allem die Zyniker in aller Welt erfreuen. Die Freude des Zynikers macht aber blind für die Bedeutung des Vorgangs, der die Rollen von Siegern und Besiegten umgekehrt hat. Nicht trotz der Niederlage, sondern wegen der Niederlage und der in ihrem Gefolge erteilten Lektionen sind die Deutschen unter die Schrittmacher der Weltzeit aufgerückt.

Während des Zweiten Weltkriegs waren die Alliierten der Anti-Hitler-Koalition übereingekommen, die Deutschen vom Wahn der »Lebensraum«-Erweiterung auf den Boden der europäischen Tatsachen zurückzubringen, indem sie das deutsche Territorium verkleinerten. Die Deutschen haben die Lektion inzwischen begriffen, aber auf eine Weise, die sich die in den Kategorien strategischen Denkens befangenen Alliierten 1942 nicht vorstellen konnten: Da ihnen der Zugriff auf den Raum, auf Siedlungsgebiete und Rohstoffquellen, verwehrt war, haben sie nach der Dimension gegriffen, deren Grenzen sich von keiner Armee bewachen und von keinem strategischen Bündnis schützen lassen, nach der Dimension der Zeit.

Die Verzeitlichung von Herrschaft und Expansion gehört zu einer säkularen Tendenz, die nicht erst nach dem Zweiten Weltkrieg eingesetzt hat. Ihre volle Entfaltung fällt jedoch mit dem Eintritt Deutschlands in die Konkurrenz um die Zeit zusammen. Vom lastenden Gewicht zeitverzehrender Räume befreit, hat die deutsche Maschine ziemlich rasch den Beschleunigungsgrad der in Schwung geratenen hochindustrialisierten Zivilisation erreicht. Sie hat ihn sogar noch übertreffen können, weil sie die in ihr angesammelten Energien nicht teilweise verausgaben mußte, um räumlichen Ballast loszuwerden, einen unrentabel gewordenen Kolonialbetrieb stillzulegen, sondern sie zur Perfektionierung der inneren Synchronisation einsetzen durfte. Die Geschwindigkeit, die Liquidierung des Raums zugunsten der Zeit, ist das Fluidum, in dem die deutsche Maschine der Gegenwart rotiert. Man kann auch sagen, sie ist zur kollektiven Obsession geworden, die sich, wie alle Obsessionen, für den Normalzustand hält. Das »Volk ohne Raum« des völkisch rasenden Hans Grimm hat sich in ein »Volk ohne Zeit« verwandelt.

Woher aber kommt der Drang, langsam zu erscheinen, wo man rast und doch auch Stolz empfinden könnte auf die erreichte Geschwindigkeit? In dem Roman *Le Surmâle* von Alfred

Jarry, dem ersten Roman des 20. Jahrhunderts, der die Geschwindigkeit und den Rekord zum Erzählgegenstand macht, wird, in der Figur des Rekordhalters André Marcueil, zusammen mit der Geschwindigkeit auch ihre stille Begleiterin, die Scham über die Geschwindigkeit, namhaft gemacht: »Aber warum empfand Marcueil das Bedürfnis, sich zugleich zu verstecken und zu verraten? Seine Kraft zu leugnen und zu beweisen? Ohne Zweifel nur, um zu prüfen, ob seine Maske auch gut saß . . .«[2]

»Die Bauern werden 1976 revoltieren« steht auf einem Umspannhäuschen an der Nationalstraße zwischen Besançon und Lyon bei Lons-le-Saunier. 1974 oder 1975, als jemand den Satz an die Betonwand pinselte, enthielt das Futur eine unbestimmte, aber nicht abwegige Drohung: Mitte der siebziger Jahre gärte es in einigen Gegenden Frankreichs unter den Bauern, die in Erwartung eines verschärften Wettbewerbs in der erweiterten Europäischen Gemeinschaft um ihre Existenz fürchteten. Exakt im Jahr 1976 kam es in den Weinanbaugebieten des Languedoc zu gewalttätigen Protestaktionen. Eine Revolte entstand daraus nicht; mit einer Handvoll administrativer Maßnahmen war die Unzufriedenheit besänftigt.

Der Satz auf dem Umspannhäuschen rutscht mit jedem Jahr, das seit 1976 vergeht, tiefer in die Vergangenheit ab; diese Bewegung im Stillstand des gleichbleibenden Wortlauts verleiht dem Satz einen eigenartigen Reiz. Er gehört nicht nur deshalb der Vergangenheit an, weil er zu einem entschwundenen Zeitpunkt geschrieben wurde und von ihm zeugt, solange er lesbar bleibt: Seine grammatikalische Form, das Futur, zieht ihn noch tiefer in die Vergangenheit hinab. Die hoffnungsvolle Drohung, die mit dem »werden revoltieren« den Vorüberfahrenden einmal einen Schrecken einjagen sollte, hat sich doppelt lächerlich gemacht: Die Propheten der Revolte haben sich blamiert; mit der Blamage scheint die Zeit der hoffnungsvollen Prophezeiungen überhaupt außer Kurs gesetzt. Das Futur des Satzes hat sich um die Achse der Gegenwart gedreht und in eine Form von Vergangenheit verwandelt, die noch weiter hinter der Zeit zurückgeblieben ist als jede überholte Gegenwart.

»1976 werden die Bauern revoltieren« – der melancholische Charme dieser Botschaft aus der Vergangenheit einer verblichenen Zukunft kommt auch daher, daß nicht nur von Bauern die Rede ist, dieser in einem Industriezweig aufgelösten Klasse, sondern daß die Botschaft selbst noch die Spuren des Zeitbewußtseins bäuerlicher Kulturen trägt. Die Revolte wird kommen, so wie auf fette Jahre magere Jahre folgen. Die Voraussage entspringt der durch die bäuerliche Überlieferung bestärkten Gewißheit, daß sich die Zeit in Zyklen bewegt und sich deshalb aufgrund vergangener Erfahrungen eingrenzen läßt. Erfahrungsgemäß schien es dem Autor des Satzes an der Zeit zu sein, daß sich die Bauern erheben, so wie Bauernregeln schlechtes Wetter vorhersagen, wenn bestimmte Vorzeichen versammelt sind. Die Analogie zwischen Zyklen der Natur und Zyklen der Gesellschaft, die solchen Erfahrungen zugrundeliegt und sie in die Lage versetzt, aus Veränderungen Vorzeichen herauszulesen, ist aber schon lange fragwürdig geworden. In die Vorstellung von Zyklen der Natur hat sich mit der Erkenntnis globaler ökologischer Zusammenhänge eine Unbekannte eingeschlichen, die alle auf Wiederholung gegründete traditionelle Erfahrung entwertet.

Auf der Wand des Umspannhäuschens bei Lons-le-Saunier verliert nicht nur eine angekündigte Revolte den Kampf mit der Zeit. Wie in einer letzten Anstrengung scheint sich die zyklische Zeit noch einmal aufzubäumen, um den gleichmäßigen Fluß der linearen, zielgerichteten Zeit aufzuhalten, die in der Gestalt unerbittlicher Modernisierung daherkommt. Die Schrift an der Wand wirkt noch verlorener als die Spur einer ausrangierten Utopie, eben weil sie den Sieg nicht wahrhaben will, den die linear vorwärtsstürmende Zeit über die Zeit der Zyklen davongetragen hat. Die Sphäre, in der die angekündigte Revolte stattfindet, ist deshalb weniger die der Utopie als die der A-Chronie: Der verleugneten Zeit.

Die Ablösung der zyklischen durch die lineare Zeitvorstellung wird gewöhnlich mit dem Siegeszug des Christentums gleichgesetzt. Vorchristliche Lehren von der Ewigen Wiederkehr des Gleichen, festgehalten im Bild von Reinkarnation und Seelenwanderung, hielten demnach der Attraktivität des christlichen Erlösungsversprechens nicht stand. Am Ende der Geschichte, die das Christentum vorwegerzählte, winkte als Belohnung für die Mühen des Erdenlebens das Heil: Damit löste sich die Zeit aus ihren zyklischen Verschlingungen und streckte sich aus, als geradelinige Bahn, die unaufhaltsam dem Horizont der Heilszukunft zustrebt.

Doch so einfach und umstandslos ging die Ablösung der einen Zeitordnung durch die andere nicht vonstatten. Augustinus, der erste christliche Denker, der versucht hat, die Zeitvorstellungen der Antike argumentativ zu widerlegen, mußte dies erfahren, als er sich bemühte, Zeit selbst zu definieren. Gegen die Auffassung der Antike, der Zeitverlauf führe nirgendwohin, aber immer weiter weg von dem mythischen Goldenen Zeitalter, wandte sich Augustinus mit einem moralischen, als anthropologische Wahrheit ausgegebenen Argument: Da der Mensch nicht ohne Hoffnung leben kann, ist er gut beraten, sich aus seiner Gefangenschaft in den ewigen Zyklen des Werden und Vergehens zu befreien und sich der Fahrt in die christliche Heilsgewißheit anzuvertrauen. Sobald Augustinus sich gezwungen sah, die Substanz dieser neuen, als irreversibel begriffenen Zeit zu erfassen, sich also mit dem Zeitbegriff auseinanderzusetzen, geriet er in Schwierigkeiten und umging sie, indem er sie als Aporie zur Sprache brachte: »Was ist also die Zeit? Wenn mich niemand danach fragt, weiß ich es; wenn jemand mir die Frage stellt und ich eine Erklärung geben will, weiß ich es nicht mehr.«

Kant kam nicht in Verlegenheit, als er sich in der *Kritik der reinen Vernunft* die Frage nach Raum und Zeit stellte, aber er hatte es auch einfacher als der Kirchenvater aus Nordafrika, weil er nicht inmitten eines schwelenden Konflikts zwischen konkurrierenden Zeiterfahrungen nachdenken mußte. Newtons Physik hatte auf bestimmte Fragen wissenschaftlich exakte Antworten gegeben. Vor allem hatte in Europa die bäuerliche Zivilisation, deren Umgang mit der Zeit die allgemeine Zeiterfahrung stärker prägte als die christliche Heilsgewißheit, damit begonnen, ihre beherrschende Stellung zu räumen. Sie hatte bis dahin das vorchristliche Erbe lebendig gehalten, weil es mit ihrem eigenen Erfahrungsraum übereinstimmte. Wie der Antike war der bäuerlichen Zivilisation die Vorstellung einer zielgerichteten Zeitbewegung fremd. In ihren Mythen wurde von einer alten Zeit erzählt, in die noch nicht das Unrecht eingebrochen war, das fremde Herren über den Ertrag bäuerlicher Arbeit bestimmen ließ. Ziel vieler neuzeitlicher Bauernerhebungen ist gewesen, den Zustand vorgestellter ursprünglicher Egalität wiederherzustellen. Die Bauernrevolte strebte eine Veränderung an, die in einer einzigen Bewegung zu einer fernen Vergangenheit zurückkehrt und die Zukunft heranholt. Außerhalb der kurzen Momente des zeitaufhaltenden Aufstands versprach die Zukunft nichts anderes als die Wiederholung des altbekannten, durch den Druck der ungerechten Herrschaft über die Bauern noch verschärften Kampfs mit der feindseligen Natur. Wie für die griechische Antike bedeutete für die bäuerlich geprägte europäische Zivilisation Fortgang der Zeit nichts besseres als zunehmende Entfernung vom Goldenen Zeitalter, also Zeit des Verfalls, bestenfalls noch Rückkehr zum gleichfalls schlechten Ausgangspunkt. Noch in der Ikonographie und poetischen Bildersprache des 17. Jahrhunderts ist das Rad der Fortuna, das sich um seine Achse dreht, sich aber nicht vorwärtsbewegt, das gängige Symbol der Zeit.

Die heilsgeschichtliche Zeitauffassung des Christentums setzte sich paradoxerweise erst zu einem Zeitpunkt allgemein durch, als sie sich ihrer heilsgeschichtlichen Dimension beraubt sah. Die Säkularisierungsbewegung des Aufklärungszeitalters verlegte den Zukunftshorizont des Heils in die irdische Geschichte. Die Bedeutung der »Kantschen Revolution« in diesem Prozeß besteht nicht in ihrem Beitrag zur Stärkung des Fortschrittsglaubens, sondern in ihrer Behauptung der Universalität von Raum und Zeit. Sie schließt die Möglichkeit verschiedener, an verschiedene Zivilisationen gebundener und miteinander konkurrierender Zeitvorstellungen aus. An die Stelle des augustinischen moralischen Postulats, das auf die heilsgeschichtliche, mit der zyklischen brechende Zeitvorstellung verpflichtet, tritt bei Kant die Ableitung der Universalität der Zeitvorstellung aus den Bedingungen der sinnlichen Wahrnehmung selbst. »Die Zeit ist kein empirischer Begriff, der irgend von einer Erfahrung abgezogen worden«, heißt es an der berühmten Stelle der *Kritik der reinen Vernunft*. »Denn das Zugleichsein oder Aufeinanderfolgen würde selbst nicht in die Wahrnehmung kommen, wenn die Vorstellung der Zeit nicht a priori zugrundeläge. (...) Verschiedene Zeiten sind nur Teile eben derselben Zeit... Die Unendlichkeit der Zeit bedeutet nichts weiter, als daß alle bestimmte Größe der Zeit nur durch Einschränkungen einer einigen zum Grunde liegenden Zeit möglich sei. Daher muß die ursprüngliche Vorstellung *Zeit* als uneingeschränkt gegeben sein.«[1]

Diese Universalität der »Vorstellung *Zeit*« ist von zahlreichen Anthropologen des 20. Jahrhunderts vehement bestritten worden. Benjamin Lee Whorf zum Beispiel wies auf das Weltbild der amerikanischen Hopi-Indianer hin, das keine Zeitbegriffe kennt und dennoch in sich konsistent und »realitätstüchtig« ist. »Eine der Eigentümlichkeiten der Hopi-Zeit ist: sie wechselt mit jedem Beobachter, erlaubt keine Gleichzeitigkeit, und hat 0 Dimensionen, d. h. man kann ihr keine Zahl zuteilen, die größer als 1 ist.« Laut Whorf kennt die Hopisprache nicht nur keine Kardinalzahlen, mit deren Hilfe sich die Zeit messen ließe, sie hat auch kein sprachliches Äquivalent für »eilig« oder »schnell«. Wenn sie eine Bewegung als schnell charakterisieren will, benutzt sie ein Wort, das die Intensität der Bewegung anzeigt. Der Hopi besitzt laut Whorf »keine allgemeine Anschauung der ZEIT als eines gleichmäßig fließenden Kontinuums, in dem alle Teile des Universums mit gleicher Geschwindigkeit aus einer Zukunft durch eine Gegenwart in eine Vergangenheit wandern oder in dem – um das Bild umzukehren – der Beobachter mit dem Strom kontinuierlich von der Vergangenheit fort in die Zukunft getragen wird.«[2]

Ähnliche Beobachtungen werden von zahlreichen anderen nicht-europäischen Kulturen mitgeteilt. Die Sprache der Orokaiva in Papua-Neuguinea verfügt laut den Forschungen des Ethnologen André Itéanu über eine ganze Reihe von Formen, die verschiedene Stufen der Vergangenheit bezeichnen, kennt aber nur ein einziges Zeichen für Zukunft und überhaupt kein Wort für die Abstraktion Zeit. So wenig wie die Hopi-Sprache vermag sie die Zeit zu quantifizieren. Sie unterscheidet zwischen Tag und Nacht, zwischen vorher und nachher, besitzt jedoch kein Mittel, um Tage zusammenzuzählen und Zeit zu messen. Zeitvorstellungen sind immer an konkrete Situationen und an bestimmte Personen gebunden. Eine »ursprüngliche Vorstellung *Zeit*« ist in dieser Kultur nicht gegeben.

Die Universalität der Kantschen Raum-Zeit-Vorstellung erscheint solchen ethnologischen Blicken als Produkt der europäisch beherrschten Zivilisation. Ihre universelle Geltung wird aber nicht nur von den empirischen Humanwissenschaften in Frage gestellt. Die Entdeckungen der theoretischen Physik am Beginn des 20. Jahrhunderts veranlaßten Bertrand Russell dazu, Zeit und Raum »Konstruktionen« zu nennen, die zwar ihren praktischen Nutzen haben mögen, aber nicht zu den Elementen des Universums gehören. Dennoch behauptet die Universalität der Kantschen Zeitvorstellung unangefochten ihre Geltung und befindet sich allem Anschein nach weiter auf dem Vormarsch. Der Psychohistoriker Serge Moscovici spricht von der abendländischen Zivilisation, so wie sie sich seit hundert Jahren entwikkelt hat, als »der ersten Zivilisation der Zeit, das heißt der ersten Zivilisation, in der die Zeit, vor allem anderen als Maß der Dinge, eine bestimmende Rolle spielt.«[3]

Die Kantsche Revolution hat dieses Werk gewiß nicht allein vollbracht, wenn sie vielleicht auch Mittel bereitgestellt hat, die dabei halfen, die Triebfeder der Universalisierung der okzidentalen Zeit zu entdecken. Und zwar nicht in der Innenwelt der philosophisch untersuchten Bedingungen der sinnlichen Wahrnehmung, sondern in den realen Prozessen der von der industriellen Revolution und kapitalistischen Expansion durchgeschüttelten Außenwelt. In Marxens *Grundrissen* von 1857 findet sich ein bedeutsamer Hinweis auf die Entdeckung der Gesetze, die im Zug der Herausbildung des Weltmarkts dazu führen, daß die europäische Zivilisation, das Gravitationszentrum der kapitalistischen Industrialisierung, zu einer Zivilisation der Zeit wird. Und zwar einer einzigen, linearen, die Vielzeitigkeit der bäuerlichen und nicht-europäischen Kulturen aufsaugenden Zeit. »Während das Kapital also einerseits danach streben muß, jede örtliche Schranke des Verkehrs i. e. Austauschs niederzureißen, die ganze Erde als seinen Markt zu erobern, strebt es andrerseits danach, den Raum zu vernichten durch die Zeit; d. h. die Zeit, die die Bewegung von einem Ort zum anderen kostet, auf ein Minimum zu reduzieren. Je entwickelter das Kapital, je ausgedehnter daher der Markt, auf dem es zirkuliert, der die räumliche Bahn seiner Zirkulation bildet, desto mehr strebt es zugleich nach größrer räumlicher Ausdehnung des Markts und nach größrer Vernichtung des Raums durch die Zeit.«[4]

Wenn ein revolutionärer Gedanke dem Schmettern des Hahns entspricht, der in noch schwarzer Nacht die Heraufkunft eines neuen Tags ankündigt, so scheint dieser Hahn viele Nächte zu früh gekräht zu haben. Was konnte man sich Mitte des 19. Jahrhunderts unter »Vernichtung des Raums durch die Zeit« vorstellen? Der Raum der Erde war zwar vermessen und kartographiert, stellte aber immer noch ein ungeheures Hindernis und eine Herausforderung dar. Entdeckungsreisende riskierten ihr Leben bei dem Versuch, Gebirge zu bezwingen, Wüsten zu durchqueren, arktische Eisregionen zu betreten. Der Eisenbahnbau befand sich gerade in seinen Anfängen, an die Erschließung des russischen Ostens oder des Osmanischen Reichs durch die Eisenbahn war noch nicht zu denken. Die Dampfschiffahrt galt mancherorts eher als Kuriosität denn als Fortschritt: Marseiller Reeder vererbten ihren erstgeborenen Söhnen die Segelschiffe ihrer Flotte und überließen den anderen die als minderwertig angesehenen dampfgetriebenen Fahrzeuge. Die Telegraphentechnik war eben erst entwickelt und bedurfte der praktischen Erschließung weiter Räume, um große Distanzen überwinden zu können. Die Transportwege, auf denen Waren weltweit und im Vergleich mit früheren Jahrhunderten erheblich schneller hätten zirkulieren können, waren 1857 noch nicht in Sicht. »Vernichtung des Raums durch die Zeit« war nichts anderes als eine theoretische Schlußfolgerung aus der Marxschen Analyse der Entwicklungslogik des Kapitals.

Nicht die Zeit, sondern der Raum mit seinen Widerständen, mit seiner Ausdehnung, mit seinen verborgenen Schätzen trat in den Blick der Politik und der Wissenschaften. Die Geographie als Wissenschaft vom Raum nahm einen gewaltigen Aufschwung. Der Raum war die Dimension, in der sich sowohl zivilisatorischer Fortschritt als auch politische und ökonomische Herrschaft entfalteten. Der Versuch der europäischen Großmächte, gegen Ende des 19. Jahrhunderts ihre imperialistische Expansion untereinander abzustimmen, um Konfliktherde zu beseitigen, läßt sich als Vorform der Handels- und Währungsvereinbarungen betrachten, mit denen die führenden Industrienationen von heute die Verwaltung des Weltmarkts regeln. Von einem freien Weltmarkt konnte zur Zeit der Berliner Konferenz 1878 aber keine Rede sein. Daß der eine oder andere Partner eine extrem protektionistische Handelspolitik betrieb, die seinen Binnenmarkt auf Kosten der anderen schützte, stört die Versammlung der Großmächte weit weniger als eine eigenmächtige Kolonialeroberung. Der Zugriff auf Territorien mit ihren Bodenschätzen, ihren Agrarprodukten und der Arbeitskraft ihrer Bevölkerung galt als die Quelle von Macht. Um diese territorialisierte Macht wurde gestritten. Ihre Aufrechterhaltung hing von der Fähigkeit eines Staates ab, Territorien militärisch im Griff zu halten, wirtschaftlich auszubeuten und logistisch an sein Zentrum anzubinden. Die Seemacht England wachte in diesem Kolonialzeitalter eifersüchtig darüber, daß ihr auf den Ozeanen, der Brücke zwischen ihren Besitzungen, keine andere Macht in die Quere geriet. Das angeschlagene Osmanische Reich hätten die europäischen Großmächte nach Afrika und Ozeanien gern unter sich aufgeteilt, wäre da nicht die Gefahr gewesen, daß Rußland die Gelegenheit benützte, um zu den Dardanellen vorzustoßen und damit die Verbindung des Schwarzen Meeres mit dem Mittelmeer unter seine Kontrolle zu bekommen. Internationale Politik im Zeitalter des europäischen Imperialismus war der Versuch, zwischen den unveränderlichen und für machtentscheidend gehaltenen Gegebenheiten der Geographie Handlungsspielräume auszumachen, in denen sich die Einflüsse auf die Territorien nichtkriegerisch umverteilen ließen. Der Ausbruch des Ersten Weltkriegs besiegelte das Scheitern dieses Versuchs: So als hätten die von soviel Machtenergie besetzten Räume die Waffen schließlich magisch angezogen.

Eben diese widerspenstige, unvernünftige, mit dem kollektiven Innenleben der europäischen Völker innig verbundene Geographie ist im Verlauf des 20. Jahrhunderts immer mehr verblaßt. Serge Moscovici spricht sogar von ihrem Verschwinden: »Was mir aber am meisten auffällt und am außergewöhnlichsten erscheint an dem, was sich im Westen seit einem Jahrhundert abspielt, ist weniger seine Entwicklung als das Verschwinden der Geographie. Sie ist verschwunden, nicht nur weil sie kein Hindernis mehr darstellt, da wir die Möglichkeit haben, schnell zu reisen, die Meere und Gebirge zu überqueren, im Nu irgendwohin zu fahren, sondern auch und vor allem als Form des Denkens, als Wissenschaft.«

Mit der Geographie ist laut Moscovici auch die Wissenschaft der Geopolitik verschwunden, die erfunden worden war, um der Willkür der Geographie berechenbare Kriterien abzugewinnen. Der in jüngster Zeit wieder ausgegrabene und vielfach als Offenbarung begrüßte Carl Schmitt hat mit seiner Typologie der »Land«- und der »Meer«-Zivilisationen in vielen Köpfen geopolitische Ideen vom Beginn des Jahrhunderts wiederbelebt. Dort dürfen sie freundlich vor sich hinwelken. Denn die einstige Bedeutung der Geopolitik ist durch etwas abgelöst, was Moscovici »Chronopolitik« nennt, zu deutsch, Politik der Zeit. »Auf den Imperialismus des Raums sehen wir eine Art Imperialismus der Zeit folgen, der darin besteht, zu investieren und zu prognostizieren und Modelle durchzusetzen, die die Zeit jeder Gesellschaft machen.«[5]

Ohne sich auf Marxens Prognose von 1857 zu beziehen, beschreibt Moscovici den Zustand, der mit der »Vernichtung des Raums durch die Zeit« eingetreten ist. Bei der Ablösung der »Geopolitik« durch den Begriff der »Chronopolitik« handelt es sich ohne jeden Zweifel nicht um einen der vielen vorübergehenden Paradigmenwechsel, die bald wieder vergessen sind, sondern um den Versuch, eine epochale und globale Umwälzung zu benennen, deren Folgen noch garnicht zu erkennen, deren Symptome aber nicht zu übersehen sind: Verlagerung der ökonomischen und damit auch politischen Entscheidungszentren von den Territorialstaaten auf die Multinationalen, die selbst nicht mehr territorial verankert sind; zunehmende Verstädterung der Weltbevölkerung, das heißt Entvölkerung des Raums zugunsten punktueller Zusammenballungen, die dem »Imperialismus der Zeit« umso leichter zugänglich sind; Enträumlichung der am unmittelbarsten bodengebundenen Produktion, der Landwirtschaft, in den hochentwickelten Industrieländern durch »Flächenstillegung« und Aufbau von Intensivkulturen in einem artifiziell hergestellten Klima; Abmagerung und Miniaturisierung der schweren Apparate der Ökonomie, und Verlagerung der ökonomischen Macht von der Verfügung über den Stoff der Produktion auf die Kontrolle dieser Verfügung durch Lenkung der Kredite, Bestimmung der Zinsen, Planung langfristiger Investitionen, Vernetzung der internationalen Börsen; Geschwindigkeitskonkurrenz bei der Entwicklung der modernsten Techniken, deren stetig beschleunigter Generationswechsel weltweit den Takt der Technologieentwicklung bestimmt; Erschließung selbst der abgelegensten Regionen für die Zirkulation der Waren und der Kommunikation.

Mit Marxschen Begriffen ausgedrückt, ist dem Kapital gelungen, was es der Bestimmung nach schon immer angestrebt hat: Die ganze Erde als seinen Markt zu erobern, mit Hilfe der Fortbewegungstechniken »die Zeit, die die Bewegung von einem Ort zum andren kostet, auf ein Minimum zu reduzieren, also den Raum durch die Zeit zu vernichten.«

Der Raum besitzt demnach keine eigene Dimension und bietet keinen eigenen stofflichen Widerstand mehr, sondern erscheint nur noch als ein Faktor der Zeit, die alle Eigenheiten des Raums absorbiert. Die Entfernung als Maß der räumlichen Ausdehnung wird in Zeiteinheiten gemessen: in Flugstunden, Autobahnstunden, Superschnellzugstunden. Auf diese Weise verzeitlicht sich der Raum im Bewußtsein, verliert dabei all die Attribute, die einen bestimmten Raum von einem anderen unterscheiden. Die Gebirge schmelzen zusammen, die Farben der Landschaft fließen ineinander über, die Klimazonen treten, wenn überhaupt, nur noch als Störung des Wohlbefindens in Erscheinung. Die Geschwindigkeit selbst verliert in dem Maß an sinnlichem Reiz, in dem sie die Anhaltspunkte im Raum einbüßt, deren Auftauchen und Verschwinden Geschwindigkeit als Bewegung erlebbar macht. Geschwindigkeit wird so abstrakt wie die Zeit, ihr Medium. Die Vernichtung des Raums durch die Zeit läßt die Zeit selbst nicht unberührt, läßt etwas von der Gleichgültigkeit des vernichteten Raums auf die Zeit übergehen. Statt sich mit der Substanz zu füllen, die sie dem Raum entzogen hat, entgeht sie selbst nicht dem Prozeß der Entleerung und Abstraktion. Auf die Umlaufbahn der Waren gebracht und entsprechend beschleunigt, droht das Bewußtsein der Zeit eben das Bewußtsein von der Zeit zu verlieren, selbst zu verzeitlichen, so wie man einmal von Verdinglichung des Bewußtseins sprach. In einem anderen Sinn als Kant es dachte, gehört die Zeit zu den Bedingungen, die sinnliche Wahrnehmung konstituieren und, so wie Zeit sich transformiert, in ihrer Konstitution unmerklich, aber einschneidend, verändern.

Vielleicht hat erst der Umwälzungsprozeß des Jahres 1989 in Mittel- und Osteuropa hereinbrechen müssen, um die Augen dafür zu öffnen, daß Verzeitlichung mehr ist als ein zivilisationskritischer Begriff, der auf den begrenzten, wenn auch privilegierten Bereich der höchstentwickelten Industriestaaten anwendbar ist. Ironischerweise bringt erst der Rückzug jenes planwirtschaftlichen Systems, das sich auf die Lehre von Marx beruft, aus dem politischen und ökonomischen Wettbewerb unübersehbar ans Licht, wie zutreffend Marxens Prognose von 1857 gewesen ist. Mit dem Verschwinden der räumlichen Grenzen zwischen Ost und West ist auch die Abschottung gefallen, die zwei verschiedene Zeitsphären, eine von den Kapitalverwertungsprozessen und eine von ideologischen Prämissen und territorialer Abschottung bestimmte, voneinander trennte. Die expandierende Zeit des Westens strömt mit unhörbarem Zischen durch die plötzlich geöffneten Ventile in die bisher verschlossenen Räume des Ostens wie in eine undicht gewordene Unterdruckkammer. Die seit der Russischen Oktoberrevolution unternommene und mit ungeheuren Opfern erkaufte Anstrengung, dort eine eigene Binnenzeit zu schaffen und aufrechtzuerhalten, hat sich als vergebliche Mühe herausgestellt.

Das häufig gebrauchte Wort »Ende der Nachkriegszeit« läßt sich mit einem präzisen Sinn versehen. Die Zeit seit Ende des Zweiten Weltkriegs war eine gespaltene Zeit, geteilt wie der Himmel in Christa Wolfs erstem Roman. Ihre Tendenz zur Fusion und globalen Ausdehnung wurde von beiden Seiten mit gewaltigem Aufwand aufgehalten: Durch die militärische, ideologische und artifiziell ökonomische Besetzung der Territorien der jeweiligen Zone. Der Aufwand, den die Sowjetunion getrieben hat, um den kubanischen Verbündeten inmitten der amerikanischen Hemisphäre durch Fernernährung am Leben zu halten, ist ein Beispiel für die Produktion ideologischer und militärischer Zeit. Ein anderes Beispiel wäre der amerikanische Marshallplan, der einen Bruch mit den Regeln des freien Marktes in Kauf nahm, um das Territorium Westeuropas in die amerikanisch bestimmte Zeitzone einzubinden. Die Wirtschaft der USA hat ebenso Opfer gebracht, um Japan nach 1949 von Handelsbeziehungen mit der Volksrepublik China abzuhalten, und den Massenimport japanischer Waren in die USA zugelassen. Die damals eröffneten Kanäle sind bis heute in Betrieb und ergießen ihre Warenströme aus dem Fernen Osten über den amerikanischen Markt.

Die Freiheit des freien Marktes ist in den Nachkriegsjahrzehnten ebenso gewollt kultiviert und kontrolliert worden wie das Plansystem der Sowjetunion. Die beiden Zeitzonen wurden mit dem Netz der jeweiligen Militärbündnisse überzogen, die den Geltungsbereich der jeweiligen Zeit territorial absicherten. Wenn von einem freien Weltmarkt die Rede war, so war dieser auf einen Teil der Welt beschränkt, und das »freie Spiel der Kräfte« gab auch dort nicht den einzigen Ausschlag. Und umgekehrt gewann mit der großen ökonomischen Bedeutung des Rüstungssektors auch in den USA die dem Markt entzogene staatliche Bürokratie an ökonomischem Einfluß.

Was hat letzten Endes dazu geführt, daß Ende der achtziger Jahre das jahrzehntelang eingespielte und alle Krisen überdauernde System der Abschottung zweier machtpolitisch besetzter Zeitzonen zusammengebrochen ist? Die Leitartikelauskunft, daß der Freiheitswillen der Völker über die kommunistische Zwangswirtschaft den Sieg davongetragen hat, steckt selbst noch viel zu tief im Denken der ideologischen Zeit, die eben zu Ende geht, um etwas von der neuen Gegenwart erklären zu können. Überzeugender klingt die von dem ostberliner Philosophen Peter Ruben gegebene Auskunft, daß die Unterhaltung der beiden Nachkriegsimperialismen für beide Seiten zu teuer geworden ist: »Die ökonomische Entwicklung läßt die Organisation der Volkswirtschaften in dem Sinn, daß sie durch Kolonisierungsakte zu Provinzen des Reiches gemacht werden, nicht mehr zu.«[6] Mit anderen Worten, eine ökonomische Entwicklung, die sich ganz und gar mit dem Zeitverlauf verbündet hat, fegt über alle territorialen Abgrenzungen hinweg und läßt den Aufwand, der zu ihrer militärischen und ideologischen Befestigung getrieben wird, nur noch als unproduktive Kosten zu Buch schlagen. Wenn die Friedensbewegung der achtziger Jahre neben allerlei Chimären etwas Reales hat kommen sehen, dann den Bedeutungsverlust der militärischen und bürokratischen Absicherung territorial festgelegter Macht.

Was 1989 geschehen ist, ganz gleichgültig, wie es sich erklärt, bedeutet eine neue Etappe im Prozeß der »Vernichtung des Raums durch die Zeit«. Die dem Prozeß innewohnende Tendenz, eine einzige Weltzeit zu produzieren, nach deren Ordnung sich Rang und Macht der ökonomischen Akteure bestimmen, ist nicht erst Ende der achtziger Jahre zutage getreten. Es sind 1989 allerdings mit der Öffnung der Grenzen inmitten Europas Sperren entfernt worden, die sie an ihrer weltweiten Durchsetzung hinderten. Von China abgesehen, herrscht 1990 weltweit eine einzige, nicht mehr strategisch und ideologisch, sondern ökonomisch bestimmte Weltzeit.

Unter dem Schlagwort »McDonald's in Moskau« ist der Eindruck verbreitet worden, die USA seien der Hauptnutznießer der mit der Desintegration des Sowjetimperiums entstandenen Situation. Sie wurden vielfach der Sieger im Kalten Krieg zwischen den Blöcken genannt. Wie schon angedeutet, ist in der liberalen Presse der USA wenig Siegesstimmung verbreitet worden. Stattdessen wurde auf die 500 Milliarden Dollar Schulden hingewiesen, die Reagans Wirtschaftspolitik allein auf dem Sektor der öffentlichen Sparkassen hinterlassen hat und die von den amerikanischen Steuerzahlern beglichen werden müssen. Und es wurde besorgt vermerkt, daß die Leistungsbilanz des Jahres 1989 nach wie vor negativ ausfiel, mit einem Minus von 113 Milliarden Dollar, doppelt so hoch wie der Überschuß von 57 Milliarden, den Japan 1989 erwirtschaftet hat. Japan seinerseits mußte sich 1989 zum ersten Mal von der Bundesrepublik überrunden lassen, die mit 62 Millarden den weltweit höchsten Bilanzüberschuß erzielte.

Wenn solche Zahlen allein noch nicht viel aussagen, so deutet ihre Relation auf den bemerkenswerten Umstand hin, daß die USA, die jahrzehntelang unbestrittene Führungsmacht des westlichen Lagers, in der Ära der Weltzeit um den führenden

Rang fürchten müssen, der durch den Grad der Wirtschaftsdynamik bezeichnet wird. »Mc Donald's in Moskau« täuscht darüber hinweg, daß die Vereinigten Staaten selbst nicht viel davon haben, wenn sich mit der einzigen Weltzeit ein american way of life global durchzusetzen anschickt, weil dessen Promotoren und Profiteure längst nicht mehr nur in den USA sitzen. Es sieht vielmehr so aus, als hätten Japan und die Bundesrepublik, nachdem sie sich nach dem Zweiten Weltkrieg amerikanisch hatten hochpäppeln lassen, ihre amerikanische Ziehmutter allmählich ausgesaugt. Wie zu Zeiten der chinesischen Kaiserreiche, die sich von ihren Feinden solange besetzen ließen, bis diese geschluckt und verdaut waren, steht die einstige Sieger- und Besatzungsmacht USA fünfundvierzig Jahre nach ihrem Sieg über Deutschland und Japan ausgelaugt und wenig siegesfroh da. Mit der viel schwerer angeschlagenen und von rasantem Zerfall bedrohten Sowjetunion, dem einstigen Verbündeten im Kampf gegen deutschen und japanischen Expansionsdrang, hätten die USA allen Grund, bei überirdischen Gerichten Klage wegen ungerechter Behandlung einzureichen.

Das letzte Jahrzehnt des 20. Jahrhunderts fängt vor allem für die Internationale der Zyniker hoffnungsvoll an. Einer ihrer bundesdeutschen Ableger hat im Frühjahr 1990 eine ganzseitige, mit einem Foto der Prager Kleinseite geschmückte Anzeige verbreiten lassen, deren Text lautet:

»In Prag ist der Frühling eingezogen. Wir auch.«

Wer ist das Wir? Einundfünfzig Jahre früher, 1939, hätte darunterstehen können: »Wir Deutschen. I. A. Adolf Hitler.«

1990 gehört das in Prag eingezogene Wir nur der Dresdner Bank. Laut Anzeige verfügt sie noch über kein eigenes Gebäude, sondern nur über eine Suite im Hotel Palace. Am Ende des 20. Jahrhunderts genügt aber auch ein Hotelzimmer mit den entsprechenden Anschlüssen, um einen Einfluß auszuüben, der früher aufwendig mit Panzern herangeschafft werden mußte.

Die Frage, wie es gerade den Deutschen gelungen ist, die der Welt neben dem »Blitzkrieg« auch das Wort »Lebensraum« geschenkt haben und vielerorts als Hysteriker des Territorialen unangenehm in Erinnerung geblieben sind, sich in die Konkurrenz um die Zeit einzuklinken und sich dort auf den vorderen Platz vorzuarbeiten, verdient jedenfalls Aufmerksamkeit. Sollte ihnen das Kunststück gelungen sein, gleichsam über Nacht den

»Drang nach Osten« in den Drang nach Zukunft umzupolen, ihre die Nachbarn verstörende Expansionsenergie vom Raum abzuziehen und in die Dimension der Zeit umzulenken, wo sie unter allgemeinem Beifall den friedlichen Fortschritt der Weltzivilisation befördert?

3 *Volk ohne Raum*

Hätte Hitler auch dann Hitler werden können, wenn es Anfang der zwanziger Jahre hydroponische Tomaten und andere platzsparend in Nährlösungen statt auf Feldern gezüchtete Nutzpflanzen gegeben hätte? In der ersten Hälfte der sechziger Jahre riefen Göttinger Studenten einmal im Jahr dazu auf, sich an einer antinazistischen Demonstration zu beteiligen. Sie fuhren dann nach Lippoldsberg im Weserbergland und stellten sich, artig, wie es damals üblich war, vor einem renovierten Klostergebäude auf und hielten den ankommenden Gästen des Hauses ihre sorgfältig beschrifteten Transparente entgegen.

In dem Kloster fand das jährliche »Lippoldsberger Dichtertreffen« statt. Der 1959 verstorbene Hausherr Hans Grimm hatte es 1934 ins Leben gerufen und dort Autoren wie Erwin Guido Kolbenheyer, Werner Beumelburg, Hans Carossa, Rudolf G. Binding zu Gast gehabt. Die Witwe Hans Grimms führte die auch 1945 nicht unterbrochene Tradition des Treffens national beseelter deutscher Dichter nach dem Ableben ihres von den Teilnehmern verehrten Mannes weiter. Den Göttinger Studenten erschien die Lippoldsberger Dichterrunde als unverschämte Manifestation eines unbelehrbaren Nationalsozialismus, gegen die gut demokratisch zu protestieren war. Als Göttinger Studenten fühlten sie sich durch den Namen Hans Grimm besonders herausgefordert, da es ihre Universität gewesen war, die dem Autor von *Volk ohne Raum* 1927 die Ehrendoktorwürde verliehen hatte.

Hans Grimm, 1875 als Sohn eines Universitätsprofessors geboren, war weder vor noch nach 1933 Mitglied der Nazipartei gewesen. Nach dem Zweiten Weltkrieg machte er gerne Schwierigkeiten mit Goebbels geltend. Es können keine sehr ernsthaften Schwierigkeiten gewesen sein, denn Grimm, der Schöpfer des Schlagworts »Volk ohne Raum«, das der nationalsozialistischen Propaganda teuer war, wurde von den Nazis in den Rang eines unberührbaren Klassikers erhoben.

Die Göttinger Studenten von 1963 hatten durchaus den richtigen Instinkt, wenn sie sich Hans Grimm und sein Werk als

Symbol nationalsozialistischen Geistes herausgriffen. Die gesellschaftliche Tiefenwirkung von *Volk ohne Raum* war ohne Zweifel viel bedeutender als die von Rosenbergs Propagandaschrift *Der Mythus des XX. Jahrhunderts,* wahrscheinlich auch als die von Hitlers *Mein Kampf* ausgeübte.

Volk ohne Raum erschien 1926 im angesehenen Verlag Albert Langen/Georg Müller. Grimm, nach abgebrochenem Studium in England zum Kaufmann ausgebildet und bis 1910 als Händler in Südafrika ansässig, hatte bei Langen/Müller 1913 einen Band mit *Südafrikanischen Novellen* veröffentlicht. 1918 war dort *Der Ölsucher von Duala* erschienen, geschrieben im Auftrag des Kolonialamts der Reichsregierung. Man hatte Grimms literarischen Beitrag zum Wohl des Reichs offenbar für wichtiger gehalten als seinen soldatischen und ihn deshalb vom Kriegsdienst freigestellt. *Volk ohne Raum* erschien ein Jahr nach dem ersten Band von *Mein Kampf* und ein Jahr vor dem zweiten. Bis zum Jahr von Hitlers Machtergreifung war *Mein Kampf* 247 000mal verkauft worden. Grimms *Volk ohne Raum* erreichte 1935 eine Gesamtauflage von 315 000 Exemplaren. Seine Botschaft muß tief in die bürgerlichen Mittelschichten eingedrungen sein, die nicht von vornherein für den Nationalsozialismus gewonnen waren: Sie kam nicht als fix und fertiges Programm daher und verschreckte Leser der Mittelklassen auch nicht mit einem einschüchternden, aus Bildungsbrocken zusammengebackenen ideologischen Konglomerat, wie es Rosenberg in seinem *Mythus* angeboten hatte.

Tucholsky nannte in einem Artikel von 1928 Grimm einen »im tiefsten Kern anständigen Mann« und sprach von der »üblen Ausnutzung, die der Roman durch deutsch-nationale Annexionspolitiker erfahren hat.« Als Roman fand Tucholsky *Volk ohne Raum* mäßig, fühlte sich von ihm an den Pastor Frenssen erinnert – »die gleiche dilettantische Innigkeit, die da glaubt, wenn der Schreiber ergriffen sei, müsse es auch der Leser sein, die gleiche protestantische Provinziallyrik mit Hummelgesumm und Waldesrauschen, die zwar Naturverbundenheit aufweist, von der Seele der Natur aber nur soviel weiß, wie aus dem bäurischen Grundbuch hervorgeht. Es ist so recht ein prächtiges Ferienbuch für unsere Landgerichtsdirektoren.«[1]

Es erscheint fraglich, ob Tucholsky bei seiner Lektüre über die ersten hundert Seiten dieser 1300 Seiten dicken Schwarte hinausgekommen ist, in der nicht hauptsächlich Hummelgesumm und Waldesrauschen die Musik machen, schon deshalb nicht, weil die Romanhandlung hauptsächlich in Südwestafrika spielt. Daß *Volk ohne Raum* sich aber so lesen läßt, wie der Roman von Tucholsky gelesen oder angelesen wurde, als behäbige Ausbreitung protestantischer Provinziallyrik, in der trotz allem ein anständiger Kern stecke, sagt dennoch etwas über Grimms Roman aus: Über sein Verfahren nämlich, eine konstante, immerwiederkehrende ideologische Botschaft so über den Roman zu verteilen, daß sie nicht als gesonderte Botschaft in Erscheinung tritt, sondern als Begleitmusik zum Waldesrauschen oder Savannenzirpen, wenn sie nicht überhaupt für eine weiter nicht bemerkenswerte Evidenz gehalten wurde. Evident wäre dann für die zeitgenössischen Leser gewesen, daß den Deutschen vor allem anderen eines fehlte zu ihrem Glück: Raum und noch einmal Raum, um sich auf ihm auszubreiten, Land zur Ernährung zu bebauen, irgendwelche Werke zu vollbringen, die dann das Staunen der Nachbarn erregen, und auf diese Weise die Macht von einst zurückzugewinnen, derer sie sich durch den Geschichtsverlauf ungerechterweise beraubt sahen.

Diese Empfindung von Raumnot, diese Obsession durch räumliche Expansion mag heute schwer nachvollziehbar sein. Sie scheint, obwohl im Zweiten Weltkrieg in den Antrieb zu wirklicher Vernichtungsgewalt umgesetzt, einem abgeschlossenen, weit zurückliegenden Kapitel der Geschichte deutscher Mentalitäten anzugehören. Um zu begreifen, wie sich die Obsession durch den Raum hat einnisten können, hilft die Lektüre von Grimms langatmigem Wälzer weiter als die vieler nationalsozialistischer Traktate. Man kann sie zusammen mit ihren äußeren Rationalisierungen heranwachsen sehen und ist weniger versucht, sie in fertiger Gestalt als Produkt ferner historischer Exotik beiseitezuschieben.

Ihren Ausgang nimmt sie bei Grimm in den Dörfern und Wäldern des Weserberglands, in dem sich der aus Südwestafrika zurückgekehrte Autor nach dem Ersten Weltkrieg als dichtender Gutsherr niedergelassen hatte. In der Gründerzeit, in der die Erzählung beginnt, erfahren die Bauern der Gegend die Industrialisierung als heimtückischen Anschlag auf ihre Lebensweise. Der Boden eines Bauernhofs wirft plötzlich nicht mehr genug ab, um die Familie zu ernähren; der Bauer verschuldet sich und muß in die Fabrik gehen, um den Hof zu halten. Dem zum Erben ausersehenen Sohn hat er nichts anderes mitzugeben als den Rat, sich ein anderes Auskommen zu suchen.

Ein solcher Sohn ist Cornelius Friebott. Er erlernt das Schreinerhandwerk und findet bei seinem Lehrmeister eine Anstellung. Von kräftiger Gestalt und feinen Gesichtszügen wie alle vielversprechenden Romanhelden, zieht Friebott die bewundernden Blicke der Mädchen auf sich, wenn er durchs Dorf zum Schützenplatz geht. Die stattliche Erscheinung aber nützt dem Schreinergesellen nichts, wenn er keinen eigenen Hausstand gründen kann, in den sich die Ausersehene führen läßt. Und die Aussichten dafür sind schlecht, da in einem Dorf, das seine Bauern verliert, auch immer weniger Handwerker gebraucht werden.

Zuerst einmal aber muß der Schreinergeselle seinen Militärdienst absolvieren. Als Signalgast bei der Marine nimmt er an der Feier zur Eröffnung des Kaiser-Wilhelm-Kanals teil und erfährt dort zu seinem großen Erstaunen, daß »vor Hamburg England anfängt«. »Die Welt draußen ist englisch, die ganze, schöne, weite Welt draußen.«

»Kamerad, wie kann das aber zugehen? Wäre Deutschland so klein? Kamerad, welcher Unsinn.«

Nach der Entlassung findet Friebott Beschäftigung in dem Steinbruch, in dem schon sein Vater schuftet. Die Welt wird ihm zu eng. Er zieht davon ins Ruhrgebiet und wird Modellschreiner in einer Bochumer Gießerei. Von einem Arbeitskameraden läßt er sich zu einer sozialdemokratischen Versammlung mitnehmen, auf der wie zufällig wieder die Enge Deutschlands zur Sprache kommt; danach wird er wegen unerwünschter politischer Umtriebe von der Gießerei entlassen. Sozialdemokraten helfen ihm, als Hauer in einem Bergwerk unterzukommen, benützen ihn dabei aber als eine Art Lockvogel, der herausfinden soll, wie schlecht die Sicherheitsbestimmungen unter Tage eingehalten werden. Friebott erfährt es sogleich am eigenen Leibe. Eine Schlagwetterexplosion erschüttert die Grube und läßt ihn als einzigen der Schicht lebend davonkommen. Als der redliche Friebott auf der Trauerfeier für die getöteten Bergleute seiner Empörung über die Versäumnisse der Grubenleitung Luft macht, wird er wegen aufrührerischer Reden verhaftet und angeklagt. Grimm läßt es sich nicht nehmen, den Verteidiger, den die Sozialdemokraten schicken, als einen »kleinen, jüdischen, hämischen Mann mit einem schwarzumrandeten Kneifer, mit schwarzem Zwickelbarte und einer großen schwarzen Aktentasche« zu beschreiben. Ein solcher Anwalt kann dem wackeren

Bauernsohn Friebott selbstverständlich nicht zu dem verdienten Freispruch verhelfen.

Im Bochumer Gefängnis faßt der verbitterte Weserbergländer den Entschluß, nach Südafrika auszuwandern. Dort findet er gleich nach der Ankunft Arbeit als Handwerker, und das Leben schickt sich an, einen ruhigeren und glücklicheren und der Geradelinigkeit des Cornelius Friebott entsprechenden Verlauf zu nehmen. Doch es kommt schon wieder etwas dazwischen, der Burenkrieg. Der aufrechte Deutsche kann nicht anders, er muß sich der Burenarmee anschließen, aus Gerechtigkeitsgefühl, wie betont wird, nicht aus Haß gegen England. Er trifft dort andere Deutsche, die keineswegs irgendeine Abenteuerlust umtreibt, wie ihr Schöpfer Grimm unterstreicht, sondern die »aus einem unbewußt überfüllten Lande unbewußt Ausgestoßene« sind. Die uneigennützigen Streiter für die Sache der Buren werden von den Engländern gefangengenommen und auf St. Helena ins Gefangenenlager gesteckt.

Der aufrechte Friebott macht dort nicht nur mit dem perfiden Albion Bekanntschaft, sondern auch mit den Spitzeldiensten, die von plötzlich auftauchenden deutschen und polnischen Juden für die Engländer geleistet werden. Einem von ihnen war Friebott schon früher begegnet, damals hieß er Max Karfunkelstein, jetzt heißt er Henry Denver. Sprachen und Namen wechseln, das ist dem Weserbergländer unheimlich. Jemand wie er, der in Afrika keine Geschäfte machen, sondern mit seiner Hände Arbeit sein Brot verdienen wollte und daneben um der Gerechtigkeit willen seine Haut zu Markte getragen hat, fühlt sich in der Gegenwart solcher Individuen moralisch überlegen und gleichzeitig praktisch doppelt betrogen. Es fällt ihm ein, daß eine Welt falsch eingerichtet sein muß, die ihn, den fleißigen und ehrlichen und von der Not aus der Heimat vertriebenen Deutschen, benachteiligt, während sie jüdische Spekulanten und britische Diamantenschieber belohnt.

Einmal wenigstens in dieser Erzählung vom deutschen Verhängnis darf der Held des Unglücks auch Glück haben: Er wird von den Engländern nach der Entlassung aus der Gefangenschaft nicht ins überfüllte Europa zurückgeschickt, sondern kann nach Südafrika zurückkehren. Hier will Friebott sich endlich eine Existenz aufbauen, um die Weserbergländerin nachholen zu können, auf die er seinerzeit ein Auge geworfen hatte. Aber schon wieder werden ihm Steine in den Weg gelegt, Steine britischer Herkunft. »Deutsche werden nicht eingestellt«, liest er an Bürotüren. Als er endlich eine Arbeit findet, muß er sich von britischen Südafrikanern vorhalten lassen, ein unerwünschter Fremder zu sein, der einen vorteilhaften Platz beansprucht, ohne ihn sich verdient zu haben. »Wir haben unsere Kriege für uns gefochten, wir haben unsere Kolonien für uns gegründet, weil wir für uns Kolonien brauchten. Warum sollten wir andern eure Schrittmacher sein?... Seid ihr Deutschen solche Schwächlinge, daß ihr auf fremden Rücken reiten müßt? Euer Staat soll für euch holen, was er für euch braucht...«[2]

Grimms Weserbergländer nimmt sich den Vorwurf zu Herzen. Er ist nicht so verstockt, daß er nicht bereit wäre, sich der britischen Umgebung anzupassen. Erfüllt vom guten Willen zur Verständigung, tritt er dem sozialdemokratischen Verein »Vorwärts« bei, der das Internationale auf seine Fahnen schreibt und seine Anpassungsbereitschaft dadurch zu erkennen gibt, daß er sich in »Independent Club« umtauft. Doch der gute Wille der Deutschen, der sogar so weit geht, die Übernahme der englischen Sprache und Staatsbürgerschaft ins Auge zu fassen, wird von den Briten schlecht belohnt, wie Friebott in diesem Club erfahren muß: »Wenn jetzt die Flaute kommt, fliegt jeder Deutsche, der irgendwie ersetzt werden kann, auf die Straße; auch wenn man Engländer wird, auch wenn man garnicht mehr deutsch sein will, hilft das gar nichts, sie merken es einem an der Sprache an...«[3]

Da ist guter Rat teuer. Er kommt in Gestalt des Verfassers selber, der sich unter seinem Namen Hans Grimm, wie der Stifter eines Altarbilds, unter die Romanfiguren mischt. Grimm hat es zu etwas gebracht, nennt ein schönes Farmhaus im Kapland sein eigen und verrät seinem unglücklichen Gast, wie es deutschen Einwanderern in früheren Zeiten gelungen war, das widrige Schicksal zu besiegen: »Ja, die Leute ließen ihren Sozialismus und ihr Aufbegehren zu Hause und kamen mit ihrem Fleiße und ihrer Genügsamkeit und ihrem Ordnungsbedürfnis, und wurden fast alle was, wie Deutsche immer, wo sie Raum haben.«[4]

Am Raum also liegt es. Früher einmal hatte Friebott von Engländern, Holländern und Amerikanern gehört, gerade ihre Tugenden seien es, die die Deutschen bei anderen verhaßt machen. Dadurch, daß sie »billiger und länger schufteten, nähmen sie durch solche Narrheit fremden Menschen, die vernünftiger wären und ein besseres und gesicherteres Leben für sich und Weib und Kind verlangten, die Gelegenheit. Und es sei längst so, daß der dumme Deutsche durch sein geringes Fordern und seine verfluchte Bedürfnislosigkeit die Arbeiter der westlichen Welt zurückhalte und an das abgestreifte Elend erneut festzubinden trachte. Und eben deshalb möge keiner den Deutschen leiden.«[5]

Cornelius Friebott begreift mit dem Beistand seines Schöpfers Grimm, daß die guten deutschen Eigenschaften das Gegenteil dessen hervorrufen, was sie moralisch verdienen, Bewunderung und Anerkennung nämlich, weil die Weltordnung die Räume falsch verteilt hat. Am Mangel an Raum liegt es auch, erkennt er weiter, daß sich die Lehre des Sozialismus entwickelt hat, die ihm bisher nur Unglück brachte. International ist sie in Deutschland nur geworden, weil man dort so dicht aufeinanderhockt. Völker mit Platz brauchen keinen Internationalismus, für sie ist er höchstens ein Luxus. »Die internationale Sozialdemokratie«, erklärt er seinem verdutzten sozialdemokratischen Freund aus dem heimischen Weserbergland, »hat die Völker zu gering geachtet, vielleicht darum, daß ihr Begründer ein Jude war.« Und ein alteingesessener Bure macht dem Weserbergländer klar, daß diese Lehre in ein Land mit viel Platz ohnehin nicht paßt, weil dort »jeder leben und zu etwas kommen kann.« Was macht man aber als Deutscher, wenn gerade die Entfaltung seiner Tugenden dazu führt, daß man von den anderen gehaßt wird und trotz Raum nicht in Frieden leben kann?

Eine eigene Kolonie muß her. Zum Glück gibt es eine, ganz in der Nähe, Deutsch-Südwestafrika. Dorthin läßt Grimm seinen Helden weiterziehen. Es ist ein etwas ödes und mangelhaft erschlossenes Land, aber es hat den Vorteil, daß »in Raum und Selbständigkeit Schein und Zufall verschwinden.« Friebott denkt an den Aufbau einer Farm und hat auch schon soviel Geld gespart, daß er das entsprechende Land erwerben kann. Seine eigene Anständigkeit kommt ihm wieder dazwischen: Er kann die Bitte eines anderen Deutschen um ein Darlehen nicht abschlagen. Bei Lüderitzbucht hat man Diamanten entdeckt, und der Mann will dort sein Glück versuchen. Mit den Diamanten tauchen aber die britischen Spekulanten und die Juden auf, sodaß Friebotts sauer erarbeitetes Geld in dunklen Kanälen verschwindet. Wäre er so schlau gewesen wie sein Schöpfer Grimm, hätte er sich gleich denken können, daß sein Schuldner nicht viel taugt, denn er hat sich eine »braune Frau« genommen, die in »einem ordentlichen und gesunden Leben« nun einmal nichts verloren hat.

Dann bricht auch noch der Weltkrieg aus. Die Briten fallen in Deutsch-Südwest ein und drangsalieren die wackeren Siedler, die vom deutschen Vaterland im Stich gelassen werden. Friebott gehört zu denen, die nach der Niederlage des Reichs und der Umwandlung der Kolonie in ein Mandatsgebiet aus Südwestafrika ausgewiesen werden. Verbittert tritt er die Rückreise in das enge Deutschland an. Das undankbare Vaterland bereitet den Rückkehrern einen frostigen Empfang. Das Elternhaus im Weserbergland findet Friebott in verwahrlostem Zustand vor, zur Miete bewohnt von unwürdigen Leuten, denen jede Beziehung zu Besitz und Boden fehlt. Äußerlich betrogen und innerlich von höheren Einsichten erleuchtet, verwandelt er sich in einen Wanderprediger, der über die Dörfer zieht und den Bauern des Weserberglands den Urgrund des deutschen Unglücks erklärt:

»Auf tausend Meter im Geviert müssen heute in Deutschland, wenn ihr euch alles aufgeteilt denkt, Wald und Unland und Güter und Moore und Seen und Flüsse und Städte einhundertzweiunddreißig Menschen leben und wollen Häuser und Fabriken und Stall und Vieh und Storch und Blumen und Bäume und Wege noch zwischen sich haben. Und um jedes Kind, das neu geboren wird, und dafür ein anderer nicht stirbt, muß neu aufgerückt werden. Auf tausend Meter im Geviert standen vier Jahre vor dem Krieg in Deutschland hundertzwanzig Menschen.«[6]

Die begriffsstutzigen Bauern des Weserberglands verstehen allerdings nicht gleich, worauf der Redner hinauswill mit seinen Zahlen. Also setzt er sie in Vergleich mit den Zahlen, die für andere Länder gelten, besonders für jene, die zu den Kriegsgegnern zählten. »Nach dem verlorenen Kriege haben je fünfzehn Engländer eintausend Meter im Geviert zu eigen, und je acht Franzosen haben eintausend Meter im Geviert zu eigen, und je sechs Belgier haben eintausend Meter im Geviert zu eigen, wie alles verteilt ist, und hundertzweiunddreißig Deutsche müssen sich also mit eintausend Meter im Geviert begnügen ... Welches Recht ist das, daß allein in Europa und ohne den Weltenraum, den sie dazu haben und dahin sie kaum je gehen, sechsunddreißig Millionen Franzosen ein größeres und dazu fruchtbareres Land haben als zweiundsiebenzig Millionen Deutsche.«[7]

Daß das kein richtiges Recht sein kann, ahnen die Zuhörer des aus Afrika zurückgekehrten Wanderpredigers schon, aber sie antworten nicht mit der Äußerung des Unmuts, der von beleidigtem Rechtsempfinden erwartet werden darf. Also versucht es der Redner noch einmal und erklärt ihnen die Industrialisierung Deutschlands mit all ihren beklagenswerten Begleiterscheinungen als Antwort auf die Enge des Landes. Den Lohn für die Fabrikarbeit aber, erläutert der weitgereiste Redner weiter, kann niemand essen, so daß die Deutschen gezwungen sind, Nahrung und Rohstoffe zu kaufen. »Und hierzu, zu Verkauf und Kauf, mußten wir zwischen die anderen Völker gehen, soviel wie kein anderes Volk zwischen die Völker gehen muß, außer den Juden. Denn so wenig Raum wie wir hatte nie ein anderes Volk. Wir mußten in den anderen Völkerländern tauschen und pachten und verkaufen, nicht nur da, wo unsere Mitarbeit diesen nötig war, sondern wo sie den andern ganz und gar unnötig schien. Und dagegen hat sich die Welt gewehrt, erst mit Anschwärzen und Unliebe, und zuletzt mit dem Kriege und dem großen Betruge von Versailles.«[8]

Damit der unerschrockene Wanderprediger Friebott nicht nur begriffsstutzige Zuhörer findet – die er wiederum braucht, denn was wäre eine Botschaft wert, die sogleich von allen verstanden und damit ihres Geheimnisses beraubt wird –, greift Grimm noch einmal auf seinen alten Trick zurück und schmuggelt sich selber unter die Weserbergländer Bauern. Er, der Deutsche mit der Kolonialerfahrung, er versteht. Er versteht umso besser, als die Botschaft, der er sein Ohr leiht, von ihm selbst stammt, dem Verfasser des Romans. So entsteht am Ende des Romans *Volk ohne Raum* ein gemäßigter Rückkopplungseffekt, der vor allem ein verständliches Wort hin- und herwirft und verstärkt: Deutschland braucht Raum. Grimm verleiht der Botschaft noch dadurch Nachdruck, daß er sie aus dem Grab kommen läßt. Cornelius Friebott nämlich muß die Unerschrokkenheit, die ihn überall vom Raum und seiner Not predigen läßt, mit dem Leben bezahlen. Da der zum besseren bekehrte ehemalige Anhänger der Sozialdemokratie Friebott nicht umhin kann, die deutsche Arbeiterbewegung zu kritisieren, zieht er bei einer Versammlung in Sachsen den Zorn der Anwesenden auf sich. Ein junger roter Lümmel tötet den mahnenden Redner schließlich mit einem Steinwurf.

Am Schluß des Romans sieht man den Autor Grimm schreibend in seinem, vom Erlös der südafrikanischen Geschäfte erworbenen weserbergländischen Gutshaus sitzen, umsorgt von einer aufmerksamen Gattin und erfreut von einem Söhnchen. Das Schreiben des Romans *Volk ohne Raum* darf freilich nicht als eitles, egoistisches Vergnügen mißverstanden werden. Es ist, wie der Autor betont, ein »Dienst«, sowohl fürs Vaterland als auch für das Andenken an den Opfertod des Helden Friebott. Indem Grimm die Botschaft an sein Volk ohne Raum mit dem Nimbus der Lebensgefahr versieht, schlüpft er selbst unversehens in die Rolle des Märtyrers, der bereit ist, die unpopuläre Botschaft mutig gegen alle Widerstände zu verkünden.

Diese Selbststilisierung ist selbstverständlich genauso verlogen wie der ganze Roman. Denn der Erfolg von *Volk ohne Raum* beweist, daß Grimm nichts Neues oder gar Mutiges gesagt, sondern sich zum Sprachrohr einer kollektiven Obsession gemacht hat, die er mit seinem zahlreichen Publikum teilte. Diese Obsession durch den Raum, die der ideologische Dauerbrenner der »konservativen Revolution« der zwanziger Jahre gewesen ist, hat auf alle Fragen schon eine Patentantwort parat, noch bevor sie gestellt sind. Wie kam es zu der beschleunigten Industrialisierung nach der deutschen Reichsgründung und der davon ausgelösten rasanten Verstädterung und Proletarisierung großer Teile der ländlichen Bevölkerung? Durch Mangel an Raum. Wie kam es zu den Spannungen zwischen den europäischen Großmächten, die sich im Ersten Weltkrieg entluden? Durch Mangel an Raum für die Deutschen, denn hätten sie mehr Platz um sich gehabt, wären sie nicht gezwungen gewesen, soviel Handel zu treiben und dadurch den anderen Völkern auf die Nerven zu gehen.

Die Obsession durch den Raum, wie sie sich bei Grimm selbst porträtiert, trägt alle Charakteristika eines Wahnsystems, das seine scheinbare Kohärenz dadurch herstellt, daß es alle störenden Realitätsanteile verleugnet. Sie will die Probleme eines Industrielandes lösen, indem sie es als ein vorübergehend gestörtes Agrarland imaginiert, das sich mit den Rezepten mittelalterlicher Rodung wiederaufrichten läßt. Sie bewegt sich zwischen einer mythischen Vergangenheit, in der sich die Menschen in grenzenlosen Räumen frei bewegen konnten, und einer mythischen Zukunft, die irgendwann wieder der Vergangenheit gleichen wird. Die Gegenwart bleibt ausgespart. In ihr hätte sich die Klage über den Mangel an Boden ja auch mit dem konkreten

Vorschlag auseinandersetzen müssen, brachliegende Flächen für die Landwirtschaft überhaupt zu erschließen und das Land rationeller zu bebauen. Aber der wahnhaft Erleuchtete will keine praktischen Lösungen, er will weiter allen Anlaß haben, ergreifende Klagen auszustoßen und mitreißende Zukunftsvisionen anzudeuten. Nur in dieser Rolle ist er seinem Publikum teuer.

Wie heute der Film zum Buch, so verhält sich der Roman *Volk ohne Raum* zum Parteiprogramm der Nationalsozialisten. Einige Kapitel des Programms übergeht er, zum Beispiel das im engen Sinn rassentheoretische, wenn er auch aus dem rassistischen Widerwillen seines Verfassers gegen Schwarzafrikaner keinen Hehl macht. Andere malt er kräftig aus. Der Antisemitismus ist allgegenwärtig, ohne jedwede Rationalisierung, er verstand sich bei den deutschen Leserschichten, die Grimm verehrten, den Landgerichtsräten und Volksschullehrern, offenbar von selbst. Nur an einer Stelle sieht man die ergriffenen Leser stutzen: Dort, wo das Unglück der umhergetriebenen raumlosen Deutschen mit dem Schicksal der Juden verglichen wird. Darf das sein? Es darf durchaus, denn es bleibt für Grimms Weltbild der entscheidende Unterschied, daß die Deutschen ihr Schicksal nicht verdient haben. Zwei nebeneinander in die Welt vertriebene Völker kann die Welt nicht dulden. Raum muß her.

Als George Orwell 1940 die englische Übersetzung von *Mein Kampf* las, versuchte er sich auszumalen, wie denn solch ein deutsches Reich der Zukunft aussehen würde, das genügend Raum hätte: »Was er sich vorstellt, ist, daß in hundert Jahren der ganze Raum zwischen Europa und Afghanistan oder dort irgendwo zu einem einzigen Staat von 250 Millionen Deutschen mit viel ›Lebensraum‹ wird, ein schreckliches hirnloses Reich, in dem im wesentlichen nichts je passiert außer der Ausbildung von jungen Männern für den Krieg und der endlosen Zucht von frischem Kanonenfutter. Wie war es möglich, daß er mit dieser monströsen Vision Erfolg haben konnte?«[9]

Ja wie war es möglich? Die Mehrheit der Deutschen, die Hitler applaudierten, hätte sich in Grimms Friebott und seinen Frustrationen wiedererkannt haben müssen. Voll von gutem Willen sind diese Deutschen in die Welt hinausgezogen und immer wieder vor den Kopf gestoßen worden. Je mehr und je besser sie gearbeitet haben, desto mehr wurden sie von den anderen gehaßt. So sehr sie sich auch anstrengten, sich international zu geben, fremde Sprachen zu lernen, sie wurden zurückgewiesen, weil sie als ewige Deutsche betrachtet wurden. (Daß es Deutsche in Südafrika gab, die in das britische Establishment aufgenommen wurden, sobald sie reich geworden waren, verschweigt Hans Grimm: Er nationalisiert das Problem der Assimilation, um nicht von seiner sozialen Seite sprechen zu müssen; seine Helden müssen es einfach deshalb schwerhaben unter den Briten und Buren, weil sie Deutsche sind). Es genügt also nicht, viel Raum zu haben, um schaffend und werkelnd glücklich zu werden; die Deutschen müssen einen Raum haben, in dem sie unter sich sind. Denn nur sie selbst können sich gegenseitig mit der Anerkennung beglücken, die ihnen von allen anderen verweigert wird. Das vor allem neben der Zucht von Kanonenfutter und von Steckrüben soll in dem erweiterten deutschen Lebensraum geschehen.

Über dessen Lage und dessen Erwerb schweigt sich Grimms Sprachrohr Friebott jedoch aus. »Deutschland braucht Raum«, hämmert er seinen Weserbergländern ein, aber woher der Raum kommen soll, verrät er nicht, nur einmal raunt er etwas von »Kolonien«. Es genügt offenbar, daß ein Gefühl des Mangels erweckt und unterhalten wird, damit es andere Mangelgefühle anzieht und aufsaugt: »Deutschland braucht Raum«. Hätte Hitler unter Friebott-Grimms Zuhörern gesessen, so hätte er beim Stichwort Kolonien nur müde abgewunken: verlorene Vorkriegsillusionen, unterhalten von »salbungsvollen Schwätzern«, wie es in *Mein Kampf* heißt.

Bei Hitler kommt die Grimm'sche Obsession durch den Raum im Gewand des strategischen Realismus daher. Im ein Jahr nach *Volk ohne Raum* erschienenen zweiten Band von *Mein Kampf* wird stakkatohaft wiederholt, daß »nur ein genügend großer Raum auf dieser Erde einem Volk die Freiheit des Daseins sichert.« In dieser Idee weiß er sich mit seinen Lesern einig, sie muß nur oft genug wiederholt, aber nicht begründet werden. Etwas anderes ist es mit dem Schritt, sie zu realisieren: Dabei müssen die geopolitischen Gegebenheiten berücksichtigt werden, das hat Hitler von Albrecht Haushofers Schüler Rudolf Heß gelernt. So gibt er auf die Frage, woher der verlangte Raum genommen werden soll, die unzweideutige Antwort: »Wenn wir aber heute in Europa von neuem Grund und Boden reden, können wir in erster Linie nur an Rußland und die ihm untertanen Randstaaten denken.«[10]

1941 brach der Wehrstand des Volks ohne Raum nach Rußland auf, um seinen metaphysischen Raumhunger endlich real zu stillen. Sein Führer hatte ihm eingeredet, er werde dort ein zerfallendes Reich vorfinden, denn mit dem Bolschewismus sei dort »der Jude« an die Macht gekommen, und damit, wie es in *Mein Kampf* hieß, ein »Ferment der Dekomposition, kein Element der Organisation«. Was aber ist mit dem Raumhunger passiert, der sie vor fünfzig Jahren ausschwärmen ließ? Was geschieht mit einem Hunger, der jahrzehntelang geweckt, der dann aber frustriert worden ist? Läßt er sich sublimieren, ist er gar lernfähig? Oder kann er spurlos verschwinden, hat er sich gar selbst aufgefressen?

Von »Weltmacht«, schrieb Hitler in *Mein Kampf*, kann man nicht bei einem »Gebilde reden, dessen politisches Mutterland auf die lächerliche Grundfläche von kaum fünfhunderttausend Quadratkilometer beschränkt ist«.[11] Nach Hitler und wegen Hitler und seiner raumhungrigen Anhängerschaft wurde diese Grundfläche bekanntlich erheblich verkleinert. Die Bundesrepublik Deutschland einschließlich Westberlins bedeckt heute eine Fläche von 248 709 Quadratkilometern. Die Deutsche Demokratische Republik wird zum vereinten Deutschland eine Fläche von 108 333 Quadratkilometern beisteuern.

Statt Erleichterung darüber zu zeigen, daß sich die hohe bundesdeutsche Bevölkerungsdichte von 246 Einwohnern je Quadratkilometer durch die Integration des dünner besiedelten DDR-Gebiets ein Stück verringern wird, fragt man sich besorgt, ob die infrastrukturelle Versorgung des Gebiets der DDR nicht etwas teuer zu stehen kommt. Zehn Prozent der Fläche der Bundesrepublik sind 1990 zugebaut, die Hälfte davon für »Verkehrsflächen«. Bis dieser Stand auf dem Gebiet der DDR erreicht ist, wird noch einiger Beton gemischt werden müssen.

Cornelius Friebott aus dem Weserbergland ist seinen Märtyrertod für die Sache des Lebensraums umsonst gestorben, dort in Sachsen.

Ein Bundesbürger aus Wiesbaden, er sei Dr. Peter Coenen genannt, macht wie Millionen anderer Bundesbürger auch im Juli 1990 Ferien. Er hat sie sich wohlverdient und freut sich darauf, seinen vor kurzem gekauften und gerade eingefahrenen BMW der 7er-Reihe – selbstverständlich *kat*, schon weil Dr. Coenen Mediziner ist – richtig ausfahren zu können. Als Ferienziel hat Dr. Coenen in Übereinstimmung mit seiner Frau Monika, halbtagsbeschäftigte Architektin, Frankreich ausgewählt. Er hat frankophile Neigungen, seit er zwei Semester seines Medizinstudiums an der traditionsreichen medizinischen Fakultät von Montpellier verbrachte, und denkt an diese Zeit öfter mit Wehmut zurück. Damals hatte er davon geträumt, Chirurg zu werden, vielleicht einmal als Pionier einer spektakulären Operation in die Schlagzeilen zu kommen. Die Entdekkung einer kleinen Sehschwäche veranlaßte ihn aber dazu, die Fachrichtung zu ändern. Dr. Coenen wurde Urologe und gründete auf Anraten seines Steuerberaters ein Dialysezentrum, das er seit Jahren als persönlich haftender Gesellschafter leitet und dessen Erträge die Unterhaltung eines dem Selbstbild Dr. Coenens angemessenen Lebensstils gestatten.

Monika Coenen freut sich ebenfalls auf die Ferien. Sie hat mehrere Bände über die romanischen Kirchen und die Klosteranlagen der Zisterzienser im Süden Frankreichs eingepackt und hofft darauf, sich bei der Besichtigung von Kirchen und Klöstern zu Entwürfen anregen zu lassen, die sie in ihrem auf urbanen Regionalismus spezialisierten Architekturbüro verwenden kann. Die dreizehnjährige Tochter, in Erinnerung an wunderschöne, in Israel verbrachte Ferien Mirjam getauft, hat den Rücksitz des BMW für sich allein, weil ihr älterer Bruder Alexander es vorgezogen hat, die Ferien auf einem Jugendcamp von Greenpeace zu verbringen.

Dr. Coenen ist mit den Fahrleistungen des neuen Wagens sehr zufrieden. Bereits fünfeinhalb Stunden nach dem Aufbruch in Wiesbaden hat er Lyon passiert. Ein paar Kilometer hinter der Ausfahrt Montélimar-Süd wird er von einem Polizeifahrzeug gestoppt und auf einen Parkplatz gewunken. Man macht ihn dort darauf aufmerksam, daß er zwei Radarkontrollen statt mit der erlaubten Höchstgeschwindigkeit von 130 km/h mit 178 bzw. 186 km/h passiert hat, und bittet ihn höflich zur Kasse. Dr. Coenen verläßt die Autobahn bei Bollène und hält in einem Dorf neben der Terrasse eines Cafés an. Obwohl er sich gewöhnlich strikt an die Regel hält, beim Autofahren keinerlei Alkohol zu sich zu nehmen, verlangt es ihn nach einem Pastis. Er muß einen unbestimmten Ärger hinunterspülen, der von etwas anderem herkommt als von dem für die Übertretung bezahlten Geldbetrag. Monika Coenen bestellt einen Kir Royal und Mirjam einen Pfirsichsaft. Monika Coenen hat einen Bildband über die Abtei von Sénanque aus dem Wagen geholt und blättert schweigend darin.

Ein lautes Geräusch auf der Straße erregt die Aufmerksamkeit der Familie Coenen. Es rührt von einem alten 2 CV-Kastenwagen her, der sich, offenbar schwer beladen, die leicht ansteigende Dorfstraße heraufquält. Mirjam hält sich die Ohren zu, als der Kastenwagen an der Terrasse vorbeirattert. Monika Coenen legt das Buch beiseite, erkennt, da in einem Rheingauer Winzereibetrieb aufgewachsen, die Ladung des hinten tief hinunterhängenden Kastenwagens als Rebenpfähle und fragt ihren Mann eher rhetorisch, wie denn so etwas auf einer öffentlichen Straße überhaupt zugelassen werden kann. Dr. Coenen schaut zu seinem im Schatten einer Platane geparkten und von Kindern bestaunten BMW hinüber und erklärt seiner Familie, er sähe schwarz für Europa, solange es darin Länder gäbe, in denen das Problem der Umweltvergiftung so wenig ernstgenommen werde, daß man es aus Sorge um Wählerstimmen unterlasse, den Autoverkehr durch Einführung verbindlicher Geräusch- und Abgasnormen unter Kontrolle zu bringen. Mirjam fügt hinzu, daß diese Rosthütte garantiert nicht mit einem Katalysator ausgerüstet sei, und vertreibt mit schnellen Handbewegungen das Ende einer Rauchfahne, die von einer am Nachbartisch gerauchten Maiszigarette herüberweht. Die Ferien der Familie Coenen haben nicht gut angefangen. Daran ist der Fortschritt schuld, was Dr. Coenen unbewußt vorausgesehen hat, denn als Lektüre für die Ferien hat er zwei Bücher des Pessimisten E. M. Cioran mitgenommen.

Zehn Jahre früher hätte sich die Familie Coenen viel weniger ärgern müssen, weil sie damals garnicht gewußt hätte, was ein

Katalysator ist. Die Behörden der Bundesrepublik wußten es zwar, wollten aber nichts davon wissen. Aus Importwagen amerikanischer Produktion wurden die serienmäßig eingebauten Katalysatoren vor der Zulassung für den Straßenverkehr wieder ausgebaut, weil sie von den Technischen Überwachungsvereinen nicht abgenommen waren. Aber damals war auch noch nicht von »Waldsterben« die Rede, bzw. dessen Zusammenhang mit dem wachsenden Ausstoß von Stickoxyden, unter anderem durch den Straßenverkehr.

Seine überraschende Blitzkarriere in der Bundesrepublik verdankt der Katalysator dem Umstand, daß der seit Ende 1982 amtierende und in der Bundesregierung einflußreiche Finanzminister Friedrich Zimmermann im Nebenberuf bayerischer Waldbesitzer ist. Das damals aufkommende alarmierende Wort Waldsterben ließ auch den Waldbesitzer Dr. Zimmermann um die künftigen Erträge seines Besitzes bangen. Im Unterschied zu anderen Waldbesitzern verfügte Dr. Zimmermann über politische Möglichkeiten, dem befürchteten Sinken der Erträge Einhalt zu gebieten. Als Minister einer über verschiedene Zwischenstufen mit dem Wählerwillen verbundenen Regierung hatte er zudem von Amts wegen auf die Stimmung der bundesdeutschen Bevölkerung zu achten, die in der ersten Hälfte der achtziger Jahre beunruhigende Symptome von Autofeindschaft erkennen ließ. Die Ökologiebewegung, in Gestalt der Grünen auch ins Parlament eingedrungen, sagte der »Autogesellschaft« den Kampf an, nachdem sie das Kapitel »Kampf dem Atomstaat« abgeschlossen hatte. Neben Friedenstauben vermehrten sich auf den Heckscheiben der Autos Aufkleber, auf denen sich die jeweiligen Fahrer selbst verpflichteten, dem Wald und der Umwelt zuliebe nicht schneller als 100 km/h zu fahren. Andere stiegen ganz aufs Fahrrad um.

Im Sommer 1985 traten in der Bundesrepublik die von Friedrich Zimmermann durchgesetzten Bestimmungen in Kraft, die mit Katalysator ausgerüstete Wagen steuerlich erheblich begünstigten. Die Autoindustrie, seit langem schon technisch in der Lage, für den US-Export mit Katalysator ausgerüstete Wagen zu produzieren, hatte nach anfänglichem Maulen und Zögern grünes Licht gegeben. Nicht mitgezogen hatten die Regierungen der westeuropäischen Partnerländer, so daß sich die Bundesregierung als tapfere einsame Vorkämpferin für die Sache der Natur begrüßen lassen durfte.

»Die Deutschen sind hysterisch«, erklärte damals der Generaldirektor des Autokonzerns Peugeot- PSA, Jacques Calvet. Er befürchtete einen Absatzrückgang, falls die bundesdeutsche Regelung in der EG verbindlich würde, da die Kosten des Katalysators den Preis der in Frankreich und Italien überwiegend produzierten Kleinwagen erheblich heraufsetzen würden.

Jacques Calvet hat vielleicht nicht unrecht, nur ist ihm verborgen geblieben, daß es Formen von Besessenheit gibt, die einer höheren Art von Rationalität gehorchen als einfache betriebswirtschaftliche Rechnungen. Der Katalysator, in Betrieb gesetzt durch den Druck von Ängsten und Leidenschaften, hat sich im Nu als ein Aggregat zur Energieumwandlung dieser Ängste und Leidenschaften bewährt. Schneller und gründlicher, als die eingebaute Katalysatortechnik Abgase von Schadstoffen reinigt, hat der in die Massenpsyche eingebaute Katalysator die soziale Luft von ökonomisch störenden Verunreinigungen befreit. »Autofeindschaft« ist zu einem rhetorischen Fossil geworden. Das schlechte Gewissen, mit dem der Freund der Natur, der Not des Transports gehorchend, einmal sein Fahrzeug bestieg, hat sich unter der magischen Wirkung der Vorstellung »Umweltfreundlichkeit« spurlos verflüchtigt. Wenn die Autos umweltfreundlich geworden sind, brauchen die Menschen es nicht mehr zu sein. Wenn das Auto umweltfreundlich ist, kann es der Umwelt nicht schaden, wenn man es benützt. Vielleicht hilft es der Natur sogar, möglichst viel und schnell zu fahren, weil dann viel von der extra gereinigten Atmosphäre zwischen die geschundenen Bäume gepustet wird.

Ökonomisch ist die Rechnung Friedrich Zimmermanns jedenfalls voll aufgegangen. Der Autobestand in der Bundesrepublik hat 1990 einen Stand erreicht, wie er ursprünglich für das Ende des Jahrhunderts prognostiziert worden war. Der Konzern Mercedes-Benz hat seinen zahlreichen Förderern im Mai 1990 mit einer bemerkenswerten achtseitigen, auf feingrauem Recyclingpapier gedruckten Anzeigenbeilage Reverenz erwiesen. (Eine angemessenere Geste wäre freilich gewesen, allen Aktivisten der Ökologiebewegung eine Umsatzbeteiligung oder ein paar Aktien als Belohnung für ihren produktionsfördernden Beitrag zur Autoskepsis zu überreichen). Bemerkenswert an der Anzeige ist nicht, daß sie dem Publikum einzureden versucht, der auftraggebende Betrieb produziere nichts anderes als blühende Bäume, sprießendes Gras und reine Luft. Daran hat uns schon jeder große Chemiekonzern gewöhnt. An der Mercedes-Benz-Anzeige fällt vielmehr auf, daß sie Leistungen aufführt, deren ungewöhnliche Zusammenstellung die Grenze zum Komischen überschreitet: Beteiligung am Rennsport »für den Umweltschutz« neben der Information, daß es der Werksgärtnerei in Untertürkheim gelungen ist, durch Aufstellen von 600 Nistkästen Singvögel aufs Werksgelände zu locken. Der Hinweis auf die Verwendung asbestfreier Bremsbeläge neben der Nachricht, daß eine Kastanie auf dem Bremer Werksgelände nicht gefällt, sondern ausgegraben und umgesetzt worden ist. Kraftstoffeinsparung bei LKWs neben der Mitteilung, daß die Bahn auf dem Werksgelände mit schallgedämpften Rädern fährt. Wen interessiert das alles? Technische Details und Nistkästen? Oder zielt die Anzeige auf ein weitergewandertes Bewußtsein, das es normal findet, wenn es etwas über Singvögel erfährt, wo es in Wirklichkeit nach Motorleistungen und Höchstgeschwindigkeiten fragt? Dann wäre etwas gelungen, was man die Ökologisierung des Autofahrens nennen könnte. Anschauungsunterricht für Jacques Calvet von Peugeot, wie man Hysterien recycelt und einer nutzbringenden Verwendung zuführt.

Diese Ökologisierung verbleibt bei aller realen Auswirkung auf den Markt in der Bundesrepublik freilich im Bereich des Imaginären und tut dort ihren Dienst. Vom harten Kern des Autokomplexes, der Geschwindigkeit, ist sie bisher erfolgreich ferngehalten worden. Während alle europäischen Nachbarstaaten nach dem Ölschock von 1973 die Höchstgeschwindigkeit auf den Autobahnen begrenzten, ist die Bundesrepublik das einzige europäische Land, das die Freiheit des Rasens mit Zähnen und Klauen verteidigt. Nistkästen ja, aber freie Fahrt auf der Berliner Avus. Die hundert Stundenkilometer dem Wald zuliebe sind längst wieder vergessen. Dahinter nur das Wirken der Automobilindustrie und ihrer Lobby zu vermuten, erscheint ebenso kurzschlüssig wie die Herleitung des Nationalsozialismus aus der Unterstützung Hitlers durch die deutsche Schwerindustrie. Das Festhalten an der Geschwindigkeit muß vielmehr mit etwas zu tun haben, was die Gesellschaft der Bundesrepublik im Innern umtreibt und deshalb vehement verteidigt wird.

Schwundstufe des Hungers nach Raum, verlagert in die Dimension der Zeit? Insofern alle vergleichbaren Industriezivilisationen Zivilisationen der Zeit sind, bringen sie alle die

Gewöhnung an die Geschwindigkeit hervor, die sich aus dem ökonomisch gesetzten Zwang ergibt, die Bewegung von einem Ort zum andern zu verkürzen. Und überall wird die Geschwindigkeit, in unterschiedlicher Intensität, affektiv besetzt. Niemand wird, im Vergleich mit dem Straßenverkehr in Frankfurt am Main oder Hamburg, den Straßenverkehr in Madrid, Paris, Mailand oder New York als gehemmt und gezügelt empfinden. Überall ist das schnelle Auto Objekt der Begierde, überall werden verordnete Geschwindigkeitsbegrenzungen überschritten. Aber die Legitimität einer solchen Begrenzung wird bei allem Reiz, der von ihrer Überschreitung ausgeht, nicht in Frage gestellt. Selbst auf dem Höhepunkt seiner Politik der staatlichen Dereglementierung wäre Ronald Reagan nicht auf die Idee gekommen, die Reglementierung des Autoverkehrs durch Aufhebung der drastischen Geschwindigkeitsbeschränkung auf Autobahnen aufzuheben. Sie wird offenbar nicht als staatlicher Zwang empfunden, sondern ist gesellschaftlich akzeptiert. In der Bundesrepublik dagegen ist es die staatliche Garantie der Freiheit des Rasens, was gesellschaftlich machtvoll besetzt wird, mit ebenso heftigen Affekten wie das Rasen selbst.

Das steht in eigenartigem Widerspruch zu dem Bild, das die Großstädte der Bundesrepublik bieten. Während der Verkehr in Paris hörbar und sichtbar durch die attraktiven Geschäftsstraßen rauscht, strengt man sich in der Bundesrepublik an, ihn verschämt zu verstecken und in abgelegene Bezirke abzudrängen, wie Prostitution. Autofahrer scheinen einer zum Aussterben verurteilten Spezies anzugehören, abgelöst von der Gattung entspannter Fußgänger. Und wenn Autofahrer im Stadtgebiet auftauchen, dann verhalten sie sich wie ungebetene Gäste, die nicht auffallen wollen, verschämt durch die Wohnstraßen kriechen und dabei Lärm vermeiden. Der Rückbau der Fahrstraßen wird von der Bevölkerung mit stillem Beifall bedacht, so als ginge es darum, mit den Autos eine von allen verabscheute Störung des Stadtbilds zu vertreiben. In der Bundesrepublik wurden 1989 aber fast drei Millionen Neuwagen verkauft.

Der Widerspruch läßt sich erklären, sobald man das Verhältnis von Abrüstungsvereinbarungen und Rüstungsentwicklung als Modell zu Hilfe nimmt. Abkommen über die Reduzierung oder die Stillegung bestimmter Waffen haben in aller Regel nicht die Reduzierung des Rüstungsaufwands, sondern die Entwicklung verfeinerter Waffensysteme zur Folge gehabt. Die vereinbarten Verbote dienen als Parameter für die Anforderungen an das weiterentwickelte Nachfolgesystem. So lassen sich die »verkehrsberuhigenden Maßnahmen« als Verfahren zur Stimulierung des Verkehrs betrachten: Das Nadelöhr der verengten Wohnstraße wie auch der Stau auf der Autobahn gleichen dem Engpaß der Konferenz für Abrüstung, nach dem ein neuer, beflügelnder Auslauf winkt. Ohne Aussicht auf den freien Auslauf der unbegrenzten Geschwindigkeit draußen würden die Autofahrer die mitten auf die Fahrbahn gestellten überdimensionalen Blumenkästen und die überall eingerammten Betonpoller womöglich als ernsthafte Beeinträchtigung ihrer Bewegungsfreiheit empfinden und dagegen so erbittert protestieren wie gegen die Geschwindigkeitsbegrenzung auf der Avus. So aber helfen sie, die Vorfreude auf den Genuß der Höchstgeschwindigkeit zu steigern.

Was aber macht deren Erleben so erstrebenswert und sozial so anerkannt? Kommt es daher, daß der einzelne, der über die Autobahn rast, konkret und am eigenen Leib den Zeitgewinn verspürt, von dem seine Gesellschaft im Ganzen, erkennbar aber nur auf einer höheren Abstraktionsstufe, lebt? So daß er sich mit dem Fuß auf dem Gaspedal in Übereinstimmung mit der Zivilisation der Zeit befände und gleichzeitig, da er sich ein Stück im Raum fortbewegt, dem sanften Sog des atavistischen Hungers nach Raum folgt?

Am Autofahren läßt sich jedenfalls einiges über die Bedingungen ablesen, unter denen die bundesdeutsche Gesellschaft den Eintritt in die Epoche radikaler Verzeitlichung bewältigt hat. Reibungsloser als andere Industriegesellschaften hat sie sich äußerlich in den Prozeß eingeklinkt. Die territorialen Voraussetzungen dafür, geschaffen von den Auswirkungen der Kriegsniederlage und des Kalten Kriegs, waren ideal: ein verkleinertes, überschaubares Territorium, das sich ohne überdimensionalen Aufwand zu einer geschlossenen industriellen Einheit homogenisieren läßt. Die Marxsche »Vernichtung des Raums durch die Zeit« ist ein Prozeß, der nicht nur auf die Herrichtung der ganzen Welt zum erschlossenen Markt hinausläuft, sondern auch auf die Eliminierung des Faktors Raum in der industriellen Produktion selbst. Ein kleines, infrastrukturell hochgradig erschlossenes Land wie die Bundesrepublik, setzt der Anpassung an die Verzeitlichung von Produktionsprozessen geringe äußere Widerstände entgegen.

Unter dem Stichwort »Just-in-Time-Produktion« wird die neue Technik beschrieben, den Gang der Produktion ganz dem Rhythmus zu unterwerfen, den die Erfordernisse der Computersteuerung vorschreiben. Ruhezeiten der Produktion sind dabei nicht vorgesehen und werden technisch unproduktiv. Den laufenden Anlagen müssen gleichzeitig ununterbrochen die Teile zugeführt werden, die in der automatisierten Fertigung gebraucht werden. Dieses System des permanenten Umlaufs hat ebenfalls die Lagerhaltung der Betriebe revolutioniert. Die Computerisierung erlaubt es, teure Lagerhaltung abzubauen und die nötigen Rohstoffe und Halbfabrikate programmgemäß genau in den Rhythmen anliefern zu lassen, in denen sie bei der laufenden Fertigung gebraucht werden. Die Lagerkosten werden dadurch gewissermaßen sozialisiert, weil die Straßen zum Gelände der rollenden Warenlager werden. Wenn fünf Prozent der Fläche der Bundesrepublik von Verkehrswegen bedeckt sind, so kann man darin auch industrielle Lagerflächen sehen, die eben noch die alte Bezeichnung »Straße« tragen.

Die Autofahrer, die nur zu ihrem Vergnügen reisen, lassen sich unter diesem Gesichtspunkt als Parasiten dieser Lageranlage betrachten, die sich kurzzeitig den Luxus der Illusion erlauben dürfen, sich frei wie Nomaden zu bewegen. Der Massentourismus insgesamt läßt sich mit der rollenden Lagerhaltung vergleichen. In der dichtbesiedelten Bundesrepublik fällt die dichte Besiedelung weniger auf, wenn ein Teil der Bevölkerung ständig auf Achse und in Bewegung ist. Was dabei nicht auf die Straßen paßt, kann in der Luft bewegungsgelagert werden. 1989 sind achteinhalb Millionen Bundesbürger mit dem Flugzeug in die Ferien gereist. Fünfundzwanzig Millionen benutzten das Auto. Nur ein Drittel der Bevölkerung wurde noch nicht von der allgemeinen Rotationsbewegung erfaßt und blieb zuhause, im stationären Lagerraum. Aber auch dort mußte es dank der vielen Fernsehprogramme nicht auf das Erleben permanenter Bewegung verzichten.

Die Bundesrepublik hat sich als Territorium mit ohnehin geringen Abmessungen weitgehend ent-territorialisieren lassen, so wie man eine Frucht entkernt, und damit der Produktion von Zeit erschlossen. Als florierender Betrieb, der sich seit Beginn der achtziger Jahre in ununterbrochenem Aufschwung befindet, kann sie sich leisten, die zwischen ihren Produktions- und Lagerflächen gelegenen Landschaftsreste aufwendig zu erhalten und zu pflegen, nachdem die Bauern, früher einmal von Berufs wegen mit dieser Aufgabe betraut, aus der Landschaft hinwegmodernisiert worden sind. Die Zeit ist jetzt der Raum der Expansion.

Die Just-in-Time-Produktion stößt bei ihrem Bestreben, sämtliche Elemente der Produktion und damit auch die menschliche Arbeitskraft in dauernder Bewegung zu halten, auf gewisse subjektive Hindernisse auf Seiten der arbeitenden Bevölkerung. Aus der agrarischen Vergangenheit und den Kämpfen der Arbeiterbewegung um die Begrenzung der Arbeitszeit hat sie die Gewohnheit beibehalten, bestimmte Abschnitte der laufenden Zeit, Nacht, Sonn- und Feiertage, als ihre Domäne zu betrachten, auf die sie der Produktion nur in Ausnahmefällen den Zugriff erlaubt. Die Gewerkschaften der Bundesrepublik, die mit den Unternehmern über die von den Maschinenlaufzeiten diktierte Ausdehnung der allgemeinen Arbeitszeit auf 24 Stunden verhandelten, machten sich dabei in alter Tradition zum Anwalt dieser Gewohnheit: Die Nacht und die Wochenenden sollten in der Regel von der gesellschaftlichen Arbeitszeit ausgenommen bleiben und dem Familienleben der Beschäftigten zur Verfügung stehen. Aber die Gewerkschaften verhandelten ohne den Rückenwind eines starken gesellschaftlichen Drucks, weil dieses zeitlich fixierte Familienleben, in dessen Interesse sie verhandelten, in der Bundesrepublik großenteils zur Chimäre geworden ist. In einer Großstadt wie Frankfurt am Main sind siebzig Prozent der Haushalte Ein- und Zwei-Personen-Haushalte. Ein Familienleben, das von den Schulzeiten der Kinder zeitlich mitstrukturiert wird, zählt unter diesen Bedingungen zu den Ausnahmeerscheinungen, auf deren Regelhaftigkeit sich die Gewerkschaften nur mit nachlassender Überzeugungskraft berufen können. Als bewährte kritische Förderer aller ökonomischen Modernisierungsprozesse haben sie der technischen Kosmologie, die Zeit als eine noch längst nicht erschlossene Ressource ansieht, keinen ernsthaften Widerstand entgegenzusetzen.

Doch nicht nur in Frankfurt am Main, sondern auch in Paris intra muros und in Manhattan hat die traditionelle Familie mit ihrem Lebensrhythmus längst das Feld geräumt. In allen hochentwickelten Industriegesellschaften sind die überkommenen, um Familie und Generationenfolge herum gewachsenen Sozialstrukturen aus den Angeln gehoben und durch etwas ersetzt worden, was von den Sozialwissenschaften als Lebensform urbanisierter Massengesellschaften beschrieben wird. Hält Maurice Barrès' Ende des 19. Jahrhunderts epochemachender und schlagwortbildender Roman *Les déracinés* noch den Schmerz fest, den die Zeitgenossen der traditionszerstörenden Modernisierung als ihren eigenen Schmerz verspürten, so haben die umgewälzten Sozialstrukturen inzwischen eine Kultur der Gefühlsumwertung hervorgebracht, die den einstmaligen Verlust als Gewinn erleben läßt. Der Bruch mit den Konventionen des Herkunftmilieus wird lustvoll besetzt, als Aufbruch in einen gesellschaftlichen Abenteuerpark, in dem der »Pluralismus der Lebensstile« herrscht. Nonkonformismus, einstmals das Privileg einer die Spießer verschreckenden künstlerischen Bohème, befindet sich auf dem Weg zu seiner Vergesellschaftung.

Dabei begegnet er allerdings dem Dilemma, daß er sich selbst als die neue Norm zu setzen droht, von der er sich entfernen will: Zum Glück sorgen die miteinander konkurrierenden Lifestyle-Magazine dafür, daß sich die neu auftauchenden Verhaltensnormen rasch wieder umschichten und ihr Pluralismus in Bewegung bleibt. Es liegt ganz in der Logik der gesellschaftlichen Modernisierung, die die Manifestation individueller und individualistischer Neigungen honoriert, daß sie auch die Sphäre der Zeit erfaßt. Denn sind die Lebensstile nicht unbegrenzt vermehrbar, in denen sich Individualität ausdrücken kann, so bleibt die Möglichkeit offen, dem Umgang mit der Zeit den eigenen Stempel aufzudrücken. Schlafen, wenn der spießige Beamte seine Bürostunden absitzt, und arbeiten, während die anderen schlafen, steigert durchaus das Lebensgefühl, zumal dann, wenn das bevorzugte Magazin das rund um die Uhr pulsierende Leben einer Weltmetropole wie New York oder Hongkong in verführerischen Bildern dokumentiert. Das individualistische Management der Zeit wird dank Reproduktionstechnik auch nicht mehr durch Ausschluß aus der zeitlich gebundenen gesellschaftlichen Kommunikation bestraft, da sich die versäumten Fernsehnachrichten auf dem Videogerät aufzeichnen und jederzeit abrufen lassen.

Oberflächlich betrachtet, wirkt die Bundesrepublik jedoch wie eine Bastion der traditionellen Zeitordnung. Im Unterschied zu vielen europäischen Nachbarländern, von den USA garnicht zu sprechen, sind hier die Geschäfte vom Abend an und an Sonn- und Feiertagen geschlossen. Die verschlossenen Ladentüren signalisieren Stillstand und Beharren auf der Tradition. Die vom sonntäglichen Einkaufen abgehaltenen Bürger werden vielleicht deshalb vom Einkaufen abgehalten, könnte ein auswärtiger Besucher schlußfolgern, damit nichts sie vom sonntäglichen Kirchenbesuch mit anschließendem Mittagessen im Familienkreis abhält. So traditionell aber denkt nicht einmal die Kirche. In realistischer Einschätzung der Lage ist die katholische Kirche vielfach dazu übergegangen, den Gottesdienst auf den Vorabend zu verlegen, damit ihre Getreuen nichts von der für den Sonntagsausflug vorbehaltenen Zeit opfern müssen. Die computergesteuerten Maschinen laufen weiter, auch wenn in der Bäckerei am Sonntagmorgen die Kasse nicht klingelt. Das Verharren in der Tradition ist ein Schein, dessen Aufrechterhaltung der Angewohnheit von Alfred Jarrys André Marcueil entspricht, seine Kraft zu verleugnen, damit er prüfen kann, ob auch die Maske gut sitzt.

Vieles spricht dafür, daß die deutsche Gesellschaft, vergleichsweise spät in den Prozeß der Industrialisierung hineingerissen, ihre traditionellen Grundlagen radikaler abgestoßen hat als andere und sich den neuesten Modernisierungsschüben umso bereitwilliger öffnet. Dem ins englische Exil geflüchteten Expressionisten Karl Otten fiel dort das rasante Tempo der Entwicklung auf, die Deutschland gesellschaftlich durchlaufen hatte; eine der Ursachen des deutschen Faschismus, den er in seinem 1942 in London publizierten Buch *Geplante Illusionen* zu erklären versuchte, sah er im psychischen Zurückbleiben der Deutschen hinter der Geschwindigkeit des sie überrollenden Modernisierungsprozesses: »In weniger als einem Menschenalter ist dieses zutiefst bäuerliche und schwerfällige, um nicht zu sagen rohe und sektiererische Volk in das am meisten städtische und daher kollektivierte Volk der ganzen Welt verwandelt, verdreht und verfälscht worden. Dieses Volk der Sektierer, Grübler und Dichter, der Querschädel und Haarspalter wurde in ein amerikanisches Milieu vertrieben, in welchem ihm nichts bekannt, nichts vertraut und gegeben, aber alles tatsächlich, vorhanden und mechanisch war.«[1]

Wenn Otten von »verfälschen« und »vertreiben« spricht, deutet er die Möglichkeit an, daß es einen Weg zurück geben könne, eine Entwicklung zum Richtigen hin. Womöglich hat er den Nationalsozialismus im Jahr 1942 als die Katastrophe gesehen, in der sich die »Verfälschung« zum Paroxysmus steigert, um danach einer verlangsamten und geläuterten Entwicklung

Platz zu machen. Die Zivilisationskatastrophe Nationalsozialismus hat gesellschaftlich jedoch ganz andere Resultate hinterlassen. Es ging durchaus in der einmal eingeschlagenen Richtung weiter, und mit unverminderter Geschwindigkeit. Peter Brückner hat bei seiner theoretischen Auseinandersetzung mit dem Nationalsozialismus immer wieder davor gewarnt, den Teil, und zwar den kulturell auffälligen, atavistisch schillernden, mit »Blut und Boden« etikettierten Teil, für das Ganze zu nehmen. »Während Unter- oder Unentwicklung ihren folkloristischen Heiligenschein erhalten, während der menschenfeindliche Privatwahn seine Erhebung zur Staatsreligion erfährt, bis zur *Vernichtung von Millionen von Menschen,* während der Jude, der Zigeuner verschwand (wie die Urbanität und ihr Träger), beginnt in der Realität, im Alltag durchaus ein *Angleichungs- und Verstädterungsprozeß,* der die im Kaiserreich und in der Weimarer Republik begonnene Integration der Massenbevölkerung und ihre soziokulturelle Homogenisierung weitertreibt.«[2]

Die Nationalsozialisten wurden demnach, meistens entgegen ihrem erklärten Willen und ihrem subjektiven Bewußtsein, zu »Herstellern von Modernität«. Und das Paradoxe ist, daß viele der späteren Anstrengungen, radikal mit dem Nationalsozialismus zu brechen, die Wurzeln der Faschisierung einer ganzen Gesellschaft auszureißen, ungewollt auch Widerstände beseitigten, die der Fortsetzung der vom Nationalsozialismus beförderten Modernisierung in der nach-nationalsozialistischen Gesellschaft im Weg standen.

Der Abschied von den Traditionen der vorhergehenden Generation, der sich in jedem gesellschaftlichen Wandel vollzieht, wurde im Nachkriegsdeutschland moralisch und politisch besetzt und dadurch weiter beschleunigt. Das Alte war nicht nur schlecht, weil es alt, sondern auch, weil es nationalsozialistisch war. Die ohnehin in Auflösung begriffene autoritär-patriarchalische Familie war zweimal verurteilt, denn in ihr hatte man nicht nur die eigene Unterdrückung erfahren, in ihrer Struktur hatte man auch den Kleinbetrieb entdeckt, der massenhaft die vom nationalsozialistischen Staat verlangten Gefolgsleute produzierte. Die sich neu zusammensetzende, durch die Integration von Flüchtlingsströmen und Kriegsheimkehrern sich homogenisierende, die Spuren kultureller und regionaler Herkunft abschleifende Nachkriegsgesellschaft brachte durch ihre Weigerung, sich selbst als Produkt des Nationalsozialismus zu erkennen, mit dem umso heftigeren Antifaschismus der nachwachsenden Generation ein Ferment hervor, das ihren modernisierenden Umbau beschleunigte. Die aus dem Nationalsozialismus übernommenen Herrschaftseliten hatten Unrecht, wenn sie ihre Hausphilosophen über den »Verlust der Mitte« und anderer Erbstücke klagen ließen; denn der Ballastabwurf, der da unter dem Banner des Kampfs gegen die alte und für eine neue Gesellschaft stattfand, hat dem von ihnen gelenkten Gefährt Bundesrepublik zu einem zusätzlichen Auftrieb verholfen. Der Jungbrunnen, der die Enkel und Urenkel von Ottens bäuerlichen Querköpfen und grübelnden Haarspaltern als die überaus nützlichen »quirligen jungen Bildschirmhocker« hat wiederauferstehen lassen, von denen W. C. Runciman sagt, ihre T-shirts müßten die Aufschrift tragen: »Ich liebe die schnelle Mark«,[3] speist sich aus verschiedenartigen, darunter in ursprünglich ganz andere Richtungen fließenden Quellen.

Wenn der Kapitalismus seinen durchschlagenden globalen Erfolg jener »unsichtbaren Hand« verdankt, die letzten Endes alles Wasser auf seine Mühlen lenkt, gerade auch die in entgegengesetzter Richtung fließenden, so läßt sich das Funktionieren dieses Aggregats, in den Dimensionen eines einzelnen Landes, vielleicht nirgendwo anschaulicher studieren als an der Bundesrepublik Deutschland. Sie ist, von ihrer Fähigkeit her betrachtet, alle Wasser ihrer Geschichte auf ihre Mühlen zu lenken, das vielleicht kapitalistischste Land der Erde. Diesem Land hat buchstäblich nichts widerfahren können, was sich nicht, durch Negation und durch Assimilation, durch trial and error, letzten Endes in Gewinn verwandelt hätte. Von der territorialen Zersplitterung, aus der die territoriale Erschließung mit allen segensreichen Auswirkungen hervorgegangen ist, bis zum gescheiterten militärischen Griff nach der Weltmacht, nach dem man auf die Idee kam, eine »systematische Politik nichtkriegerischer Machtmaximierung« zu betreiben, wie sich Franz Josef Strauß ein wenig großsprecherisch ausdrückte. Denn auch Großsprecherei wurde als kontraproduktiv erkannt und nach Möglichkeit vermieden, wie wenn sich die Deutschen nach dem Zweiten Weltkrieg zu Herzen genommen hätten, was ihnen der ungarische Staatsrechtler Istvan Bibo 1942 in seinem Essay über »Die deutsche Hysterie« ins Stammbuch geschrieben hatte, mit Blick auf das imperialistische Ungeschick des Wilhelminischen Reiches: »Mit der Eisenbahnlinie Berlin-Bagdad hätte es wesentlich weniger Schwierigkeiten gegeben, wäre sie nicht als ›Drang nach Osten‹, sondern einfach als Eisenbahnbau bezeichnet worden.«[4] Eisenbahnbau heißt jetzt nur noch Eisenbahnbau, und das hysterische Volk ohne Raum geht entspannt seinen schnellen Geschäften nach.

Aber auch nach innen hat die Bundesrepublik gelernt, sich nach gewissen Anlaufschwierigkeiten auf neue Herausforderungen einzustellen, ohne gleich den Notstand auszurufen. Der Versuch der Ökologiebewegung der siebziger Jahre, einen Stock in die Speichen der Wachstumsmaschine zu schleudern, wurde zum Anlaß genommen, neue Räder zu entwerfen oder sogar Alternativen zum Rad auszudenken, auf jeden Fall die Maschine neu in Schwung zu bringen. Der ökologische Stimulus erwies sich als doppelt produktiv: Einmal hat er die Entwicklung von Produkten und Industrieanlagen beschleunigt, die sich, als umweltfreundlich ausgewiesen, in eine inzwischen ökologisch aufgeschreckte Welt erfolgreich exportieren lassen, und zum anderen ist es auf diese Weise gelungen, entstehende soziale Beunruhigung dadurch zu besänftigen, daß man ihr praktische Ergebnisse vor Augen führt und ihr die Möglichkeit gibt, sich in der Wahl des Konsums auszuleben. So wird im Ökoladen wie in der Bio-Boutique des Kaufhauses Gesellschaftszusammenhang neu gestiftet. Was die Umwelt selbst dazu sagt, ist nicht bekannt, aber auch nicht wichtig, denn es kommt vor allem darauf an, sich zu dem, was als Umwelt *gilt*, zu verhalten. Zu diesem Zweck lassen sich Normen aufstellen, die dem Reigen der Lebensstile eine weitere Variante hinzufügen: An den Becquerel-Werten der Nahrung kann sich festhalten, wem es sonst schwer fällt, im Leben und im Kochbuch Orientierung zu finden.

Mit der Gesellschaft, die sich bereitwillig an solchen Spielen sanfter Rückkopplung beteiligt, muß etwas Erstaunliches vorgegangen sein: Wie aus einer erfolgreichen Verhaltenstherapie entlassen, gleicht sie in nichts mehr dem Bild, das ihre Umgebung, nach meist schmerzhafter Begegnung, in der Erinnerung behalten hat. Einst und mit gutem Grund als unbelehrbar gefürchtet, fallen die Deutschen der heutigen Bundesrepublik durch ihre beflissene Belehrbarkeit auf. Demokraten sind belehrbar im Unterschied zu Untertanen, die nur auf Stockschläge horchen. Die Deutschen sind also Demokraten geworden, nach langem Zögern und mehreren steckengebliebenen Anläufen, nicht ganz aus freien Stücken, denn die demokratische Verhaltenstherapie, der sie sich unterzogen, wurde ihnen auf Rezept verordnet. In einem Kontrollexperiment wurde einem Teil der Bevölkerung, dem im Ostviertel wohnenden, eine abweichende Behandlung verschrieben, die aber, wie sich nach vierzig Jahren herausstellt, immer schlechter angenommen worden ist und deshalb abgebrochen wurde. Die westliche Therapie hat, nach Überwindung der üblichen Anfangswiderstände, deshalb so gut gegriffen, weil sie Belohnungen nicht nur versprach, sondern auch verteilte. Sie war auch eng mit einem Unternehmen assoziiert, das nach dem Prinzip der Belehrbarkeit funktioniert und durch sein Funktionieren ständig für sein Erfolgsrezept wirbt – mit dem fortgeschrittenen Kapitalismus.

Der Kapitalismus funktioniert zur Not zwar auch ohne Demokratie, aber die Deutschen der Bundesrepublik haben sich belehren lassen, daß er als demokratischer Kapitalismus noch besser funktioniert. Es ist dann nicht mehr nur die Konkurrenz, die das Geschäft belebt, sondern auch die unvermeidliche Störung, die aus der demokratischen Auseinandersetzung in der Gesellschaft erwächst. Neben dem Markt ist die Störung ein Indikator, der anzeigt, daß sich etwas zusammenbraut, worauf sich der Kapitalismus einstellen muß. Weil der Kapitalismus nach ständiger Expansion strebt und jedes Zeichen einer Veränderung registriert, die auf seine Expansion Einfluß haben kann, wird er geradezu süchtig nach Störungen. Er kennt keine störenden Störungen, sondern nur Störungen, die zu ihrer Überwindung herausfordern. Die frisch belehrten Deutschen der Bundesrepublik haben rasch kapiert, daß auch ihr demokratischer Kapitalismus davon lebt, daß er ständig belehrt wird. So sind die Belehrten dabei, selbst wiederum zu belehren, notfalls durch Störung. Der Dialog spielt sich immer besser ein, so daß sich die Reaktionszeiten immer mehr verkürzen. Je schneller die Verbesserung zustandekommt, die auf die Störung antwortet, desto größer der Vorsprung im Wettlauf um die Entwicklung. Das Ideal wäre die Störung, die sich meldet, bevor die Produktion begonnen hat. Dann wäre noch mehr Zeit gewonnen. Es fragt sich nur, ob der demokratische Kapitalismus, so wie er in der Bundesrepublik funktioniert, bei seiner zunehmenden Beschleunigung nicht den gesellschaftlichen Boden plattwalzt, auf dem Störungen gedeihen. Dann wäre seine Entwicklungsgeschwindigkeit dabei, sich selbst zu verschlingen.

Als die CDU der Bundesrepublik Ende der achtziger Jahre verkündete, daß sie sich mit dem Gedanken der Kritik versöhnt hat und diese sogar herbeiwünscht – war es da vielleicht nicht schon zu spät? Wenn Kritik in freier Luft nicht mehr gedeiht, kann man versuchen, sie im Gewächshaus zu züchten, in speziellen Nährlösungen, wie hydroponische Tomaten. Neben Literaturhäusern müssen auch Kritikhäuser her.

5 *Schmerzlose Erinnerung*

Wer vorwärtsrast, blickt nicht zurück. In Jarrys *Le Surmâle* aus dem Jahr 1902 findet ein Wettrennen zwischen einem Schnellzug und einem fünfsitzigen Tandem statt. Tief hinuntergebeugt fahren die fünf Athleten hinter einem granatenförmigen Schrittmacherfahrzeug her, parallel zur Trasse der transsibirischen Bahn. Sie ernähren sich dabei von einer geheimnisvollen Kraftnahrung, die sie ohne Ermüdungserscheinungen immer schneller strampeln läßt. Der Führer der um die Wette fahrenden Lokomotive sieht sich gezwungen, Waggons abzuhängen und alles brennbare Mobiliar zu verfeuern, um die vom Tandem erreichte Geschwindigkeit von 300 Stundenkilometern halten zu können. Im Osten Sibiriens erhebt sich ein kegelstumpfförmiges Bauwerk, in dem die Radrennstrecke und die Schienen verschwinden. Lokomotive und Tandem legen sich, an die Innenwand des Kegels gepreßt, in die Kurve und vollziehen die Wende. Mit unverminderter Geschwindigkeit rasen die beiden Fahrzeuge die gleiche Strecke zurück. Die Radrennfahrer brauchen inzwischen keinen Schrittmacher mehr. Ihre Beine aber fahren, wie es heißt, »zu schnell für ihr Gehirn. Mit dem Denken, zumindest, was Sammy White betrifft, ging es beileibe nicht so schnell, wie man zu sagen pflegt, und ich kann mir nicht vorstellen, daß man es jemals auf irgendeiner Piste in Aktion erlebt hat.«[1]

Die Bundesdeutschen gleichen in mancher Beziehung Jarrys rekordbrechenden Radrennfahrern. Sie haben ihren Schrittmacher abgeschüttelt. Sie fahren nicht etwas hinterher, sondern etwas davon. Hinter ihnen liegt eine Vergangenheit, die sie kränkt und mit der Kränkung verfolgt. Die Mahnungen von außerhalb, sich der Erinnerung zu stellen, statt ihr zu entfliehen, haben sie als Anfeuerung zum Beschleunigen mißverstanden. Je schneller und müheloser es voranging, desto größer die Unlust, sich umzuwenden. Die Verjährungsdebatte von 1965 hatte das Tempo nicht wesentlich drosseln können; die Geschwindigkeit als Prinzip hatte sogar insofern den Sieg davongetragen, als der Bundestag allen Ernstes überzeugt schien, innerhalb von vier Jahren, bis 1969, alles an Aufklärung der Verbrechen und Verurteilung der Täter zustandebringen zu können, was zwanzig Jahre hindurch versäumt und verschleppt worden war. Es ging erwartungsgemäß schief, so daß man die Flucht nach vorn antrat und durch generelle Aufhebung der Verjährungsfrist für Mord die nationalsozialistischen Verbrechen im Nebel des allgemeinen Bösen auflöste. Unterdessen nahm die schnelle Reise durch die Gegenwart ihren Fortgang, begleitet von den Ermahnungen der Zuschauer, das Zurückliegende nicht zu verleugnen und zu verdrängen, der Erinnerung zuliebe einmal innezuhalten. Aber daran hatten sich die rasenden Fahrer schon seit langem gewöhnt.

Vierzig Jahre nach dem gewaltsamen Abbruch des Unternehmens Eroberung von Lebensraum und dem Aufbruch in das neue Zeitalter der Konkurrenz um die führenden Positionen im Feld der Zeit greifen die alten Vorwürfe an die Adresse der in die Zukunft davoneilenden Bundesdeutschen auf einmal nicht mehr. Sie ernten zuweilen sogar verhaltenes Lob für ihre Erinnerungsarbeit. Alfred Grosser, als Kind mit seiner Familie aus Nazideutschland vertrieben und seit Bestehen der Bundesrepublik deren politischer Chronist in Frankreich, sieht 1989 bei den Deutschen eine »unaufhörliche Beschäftigung mit der Vergangenheitsbewältigung« und läßt auf die Rückseite seines Buchs *Le crime et la mémoire*[2] diese Sätze drucken: »In Deutschland wird seit vier Jahrzehnten auf vielfältige Weise erinnert. Die führenden Politiker haben nie aufgehört, der Schrecken zu gedenken. Verweigerung und Heuchelei waren aber immer auch zu beobachten. Jedenfalls sollte es keine Kollektivschuld geben. Höchstens ein Gefühl der Verantwortung für eine kollektive Vergangenheit. – Ein Gefühl, das in Frankreich wenig vorhanden ist, wo es von Freisprüchen der Erinnerung wimmelt. Wir lieben die Amnestie. Wir ziehen das Nichtwissen vor. Bei den Algeriern des 19. wie bei denen des 20. Jahrhunderts. Die Guillotine ja, aber nicht Nantes und Lyon.«

Eigenartige Sätze. Sie stimmen nicht und treffen zugleich etwas Richtiges. Sie stimmen nicht, weil die Bundesdeutschen die Amnestie nicht weniger lieben als die Franzosen. Sie ziehen lediglich die weiche, kalte, unausgesprochene Amnestie der offiziellen, von den Parlamenten feierlich abgesegneten vor: 1953 zum Abschluß der Kollaborationsprozesse und 1962 nach dem Ende des Algerienkriegs, als die Übergriffe von Armee und Polizei gegenüber der algerischen Zivilbevölkerung von der Strafverfolgung ausgenommen wurden. Und doch tragen die Sätze aus Grossers 1989 erschienenem Buch einer Veränderung in der Bundesrepublik Rechnung: Etwas an dem öffentlichen Verhalten gegenüber der kränkenden Vergangenheit hat sich geändert. Die allgemeine Verleugnung, die sich aus der Rechenkunst das Bild des Schlußstrichs ausgeliehen hatte, ohne zu bedenken, daß der Schlußstrich die Abrechnung nicht stoppt, sondern deren Ergebnis ankündigt, hält nicht mehr dicht. Sie läßt es geschehen, daß das Verleugnete langsam hervortritt und ihre eigene Basis angreift. Grossers Irrtum besteht nur darin, daß er eine Veränderung rückwirkend zum Dauerzustand erklärt, von »unaufhörlicher Auseinandersetzung mit der Vergangenheitsbewältigung« spricht, und dadurch den Hintergrund auslöscht, vor dem sich eine Veränderung erst zu erkennen gibt.

Sie ist nicht leicht zu erfassen. Sie fällt nicht mit einem plötzlichen Innehalten zusammen, das der Erinnerung Zeit läßt, sich ihre eigenen Wege zu suchen. Was sich verändert hat, hat bei unvermindertem oder sogar noch beschleunigtem Tempo stattgefunden. Kein fliegender Wechsel, sondern Aufnahme neuer Stafetten durch die alte Mannschaft. Oder eben Durchfahrt durch die Wendekurve, die das Tempo nicht verlangsamt, die Mannschaft aber durcheinanderwirbelt und Unklarheit darüber aufkommen läßt, in welche Richtung sich die unvermindert rasende Fahrt bewegt. War sie bis dahin zu schnell verlaufen für die Gehirne, so begegnet sie jetzt den Absonderungen des Denkens, das nicht mitkam, schleudert sie aber nicht einfach zur Seite, sondern reißt sie mit und paßt sie in ihrer Form den Umständen der Hochgeschwindigkeit an. Auf diese Weise gleiten die Horizonte der Zukunft und der Vergangenheit ineinander, die Bewegung nach vorn erscheint zugleich als Annäherung an die verleugnete Geschichte. In der zweiten Hälfte der achtziger Jahre, in einer Periode, in der die ökonomische Konjunktur auf Hochtouren läuft und der Katalysator den Geschwindigkeitsrausch geläutert entläßt, hat die Bundesrepublik etwas durchfahren, was sich als Bewußtseinsschleife bezeichnen läßt: Alles ist, wie es war, und sieht zugleich vollkommen verändert aus.

In der zweiten Hälfte der achtziger Jahre häufen sich die Anzeichen dafür, daß von den Lücken, die der Nationalsozialismus gerissen hatte, statt des mit Verschweigen besänftigten

Schreckens eine vielfältig belebende Wirkung ausgeht. Es häufen sich die Ausstellungen, die den Mord dokumentieren, die Kolloquien und Kongresse, auf denen vor internationaler Besetzung Einzelheiten der Vernichtung durch Zwangsarbeit, Gas und medizinische Experimente erörtert werden. Ein Wiederaufbaufieber eigener Art hat das Land ergriffen: In Hamburg wird ein Parkplatz geräumt, damit an seiner Stelle die Umrisse der von den Nazis zerstörten Synagoge in den Boden gepflastert werden können, und die benachbarte Fachhochschule für Bibliothekare erhält den Namen Talmud-Tora-Schule zurück, den sie bis 1938 trug. Die Stadt Darmstadt läßt für zehn Millionen Mark eine neue Synagoge bauen und übergibt der jüdischen Gemeinde einen Sekretär, den die jüdische Gemeinde des 17. Jahrhunderts dem Darmstädter Landgrafen zum Geschenk gebracht hatte. Aber auch in abgelegenen Regionen läßt man sich nicht lumpen und baut, wie in Schweich an der Mosel, die zerstörte Synagoge wieder auf. Frankfurt krönt die Reihe seiner überregional bekannten Museen mit der Einrichtung des Jüdischen Museums im alten Rothschildpalais. Landauf, landab vermehren sich die Erinnerungstafeln und Gedenksteine, so als sei von zentraler Stelle aus die Parole ausgegeben worden, daß die Bundesrepublik sich bis in die Gestaltung ihrer Hinterhöfe hinein als ein Land Gedenkender und Erinnernder zu präsentieren hat.

An der zentralen Stelle jedoch herrscht in dieser Periode Konfusion. Die Bewußtseinsschleife durchquert ein Feld, das von starken Spannungen aufgeladen ist, erzeugt zwischen zwei entgegengesetzten Polen. Der eine war auf der Ebene der Zentrale von Helmut Kohl besetzt und zu seinen Lebzeiten von jenem Franz Josef Strauß, der die Theorie vertrat, daß »unsere Scham über die Verbrechen« das Risiko der »moralischen Selbstlähmung« in sich birgt; der andere von Richard v. Weizsäcker und den liberalen Medien. Der eine Pol schuf sich 1985 mit der die Täter und Opfer verschwisternden Zeremonie von Bitburg und Bergen-Belsen sein Symbol, der andere 1988 mit den Gedenkfeiern zum 9. November. Der dazwischen entfachte Historikerstreit läßt sich als eine Art Lichtbogeneffekt betrachten, der anzeigt, wie stark die Spannung gewesen ist, die das Feld beherrschte. Die Fliehkräfte, die beim Durchfahren der Wendekurve auftraten, setzten Aggressionen und Ängste frei: In die Sitze gepreßt, erwarteten manche die große Katastrophe.

Es kam aber nur, im Augenblick der Entwarnung, der Zwischenfall mit dem Bundestagspräsidenten Philipp Jenninger dabei heraus. Damals zur weltweit beachteten Affäre aufgebauscht, bald danach vergessen, erweist sich der Zwischenfall im nachhinein als äußerst lehrreich, weil er den Zustand der Konfusion festhält, in dem sich der Konflikt zwischen Verleugnung und Erinnerung noch einmal öffentlich entlud, bevor er im Rausch der deutschen Vereinigung unterging.

Was hatte Jenninger im November 1988 dazu gebracht, sich bei der offiziellen Gedenkstunde des Bundestags ans Rednerpult zu drängen und keine Mitredner zu dulden, auch nicht Heinz Galinsky, den Vorsitzenden des Zentralrats der Juden in Deutschland? Um seine Motive zu verstehen, ohne dabei spekulative Seelenkunde zu betreiben, muß man ins Jahr 1985 zurückgehen, in dem sich das Ende des Zweiten Weltkriegs am 8. Mai 1945 zum 40. Mal jährte. Jenninger war damals zwischen die Fronten der beiden Pole geraten, ohne daß es ihm gelungen wäre, auf seine unbequeme Position in diesem Spannungsfeld und auf seinen eigenen Beitrag zum Gedenken aufmerksam zu machen. Kaum hatten Helmut Kohl und Ronald Reagan weltweit Unmut ausgelöst, indem sie sich an den Grabstätten unterschiedslos zu Opfern gemachter gefallener US-Soldaten, deutscher Waffen-SS-Angehöriger und ermordeter Juden demonstrativ versöhnten, die Toten dabei in den Rang von historischen Zeugen erhebend, meldete sich Richard v. Weizsäcker im Bundestag zu Wort und rückte die Dinge zurecht. Das heißt, er sprach den Satz aus, der anderen Repräsentanten der Bundesrepublik nicht über die Lippen kommen wollte, obwohl er hohen symbolischen Gewinn versprach und auch prompt erhielt: »Der 8. Mai war ein Tag der Befreiung«. Weizsäcker hatte zwar sogleich hinzugefügt, daß mit dem 8. Mai für »viele Menschen schwere Leiden« begannen, wobei er offenließ, um was für Menschen es sich handelte und wer diese schweren Leiden zugefügt hatte, so daß sich jeder dabei denken konnte, was er wollte, aber der »Tag der Befreiung« überstrahlte alles andere und brachte dem Redner innerhalb und außerhalb der Bundesrepublik massenhafte Anerkennung ein. Bitburg war nicht alles, dafür stand der Präsident mit seiner schönen Rede. Ihre Schönheit verdankte sie dem Kontrast zur Bitburger Häßlichkeit, die damit ihre Rechtfertigung erhielt. Auftakt zu dem Zweierspiel zwischen Kohl, der das Häßliche sagt, das aus innenpolitischen

Gründen gesagt werden muß, und Weizsäcker, der das Schöne sagt, das dem Häßlichen nicht widerspricht, weil es das nicht kann, sondern es als Anstoß in sich aufnimmt, der Beförderung des allgemeinen Wohlgefühls zuliebe. Das Spiel zwischen den beiden Polen hat sich inzwischen bewährt und viel zur Integration unzufriedener Bundesbürger beigetragen: Wer sich von Kohl abgestoßen fühlt, kann sich zum Weizsäcker-Pol flüchten, wo er sich auf neue Weise in den Zusammenhang Bundesrepublik aufgenommen sieht. Die massenhafte Nachfrage nach Weizsäckers Rede vom 8. Mai 1985 offenbart sehr schön, daß hinter einer grimmig dreinblickenden Staatsverdrossenheit die Lust geschlummert hatte, sich mit der Bundesrepublik identisch zu fühlen.

Philipp Jenninger allerdings mußte sich übergangen und ausgeschlossen fühlen. Als Bundestagspräsident protokollarisch Inhaber des zweithöchsten Staatsamts, war er bei dem Zweierspiel zur Seite gedrängt worden. Obwohl er in Bonn als Gastgeber des Bundespräsidenten vor diesem zum 8. Mai gesprochen hatte, war von seiner Rede keine Notiz genommen worden. Entgegen dem zeitlichen Ablauf der Feierstunde im Bundestag wurde sie erst an zweiter Stelle im Bulletin des Bonner Presse- und Informationsamtes abgedruckt, so als sei sie nur ein Anhängsel zu Weizsäckers Rede gewesen. Die Nachfrage galt allein den Worten des Bundespräsidenten, dabei hatte Jenninger auch etwas zu sagen gehabt. Und was er zu sagen hatte, hatte er sich schnell und unter Anstrengungen erarbeiten müssen, es war dem Abgeordneten aus der schwäbischen Provinz nicht in den Schoß gefallen. Richard v. Weizsäcker dagegen stammt aus einer hochgebildeten Familie, in der das Gespür für den guten Ton übermittelt wird, und er hat seit den Nürnberger Prozessen, bei denen er seinen Vater, Ribbentrops Staatssekretär, als junger Anwalt verteidigte, Zeit gehabt, sich eine Sprache zurechtzulegen, in die sein frühzeitig erworbenes Aktenwissen über die nationalsozialistischen Verbrechen gut verarbeitet eingehen konnte. Solche Voraussetzungen brachte Philipp Jenninger nicht mit. Er mußte sich deshalb durch die Mißachtung seiner Gedenkrede ungerecht behandelt fühlen. Niemand hatte seine Anstrengung gewürdigt, sich dem Gegensatz von häßlich und schön zu entwinden und zu dem vorzudringen, was er unter ehrlich verstand.

Was hatte der allseits gelobte Weizsäcker über Hitlers Aufstieg zum umjubelten Führer der Deutschen zu sagen gehabt? »Auf dem Weg ins Unheil wurde Hitler die treibende Kraft. Er erzeugte und er nutzte Massenwahn. Eine schwache Demokratie war unfähig, ihm Einhalt zu gebieten.« Die Deutschen als Subjekte kommen in dieser Erzählung nicht vor. Es war nur etwas über sie gekommen. Philipp Jenninger hatte in seiner Gedenkrede einen anderen Satzbau gewählt: »Es bleibt wahr, daß Hitler eine Mehrheit der Deutschen in freien Wahlen niemals hinter sich gebracht hat. Wahr ist aber auch, daß 1938 die überwältigende Mehrheit der Deutschen hinter ihm stand und daß das deutsche Volk sich – teils widerwillig, teils mit Begeisterung – von ihm blenden und verführen ließ.« Diese Wahrheit Philipp Jenningers hatte aber niemand hören wollen am 8. Mai 1985, so daß in dem Bundestagspräsidenten der Gedanke heranreifte, sie bei nächster Gelegenheit noch einmal zu Gehör zu bringen, wenn möglich allein, ohne ablenkende Mitredner.

Am 9. November 1988 war es soweit. Nachdem Kanzler Kohl in der Frankfurter Synagoge aufgetreten war und mit der Kippa auf dem Kopf jüdischer ausgesehen hatte als die jüdischen Männer, die dunkle Hüte trugen, beherrschte Jenninger das Auditorium des gedenkenden Bundestages. Endlich hatte er Gelegenheit, die Distanz zwischen Kohl und Weizsäcker allein auszufüllen. Jenninger hielt sich, als er sich Mitredner verbat, an Weizsäckers Wort von 1985: »Wir müssen die Maßstäbe allein finden. Schonung unserer Gefühle durch uns selbst und durch andere hilft nicht weiter.« Einen Maßstab hatte bereits der Historikerstreit geliefert, an dessen Elle er gern gemessen und entsprechend eingeordnet werden wollte: »Unsere Vergangenheit wird nicht ruhen, sie wird auch nicht vergehen«, sagte der Bundestagspräsident, sich deutlich von der Seite Ernst Noltes absetzend, dessen Wort vom »europäischen Bürgerkrieg« wiederum Weizsäcker in seiner Rede aufgegriffen hatte. Jenninger wollte offenbar alles richtig machen und dabei auch noch ehrlich sprechen, so wie er es verstand, das heißt sich in die mit Hitler einverstandenen und den antijüdischen Exzessen von 1938 gleichgültig zuschauenden Deutschen hineinversetzen. Doch je tiefer er sich hineinversetzte und seine Rede von 1985 dahingehend ergänzte, daß er von dem »Wunder« sprach, als das Hitlers Erfolge als Staatsmann den Deutschen von 1938 erschienen, desto schwerer fand er wieder heraus. Aus dem Bauch des Deutschen der dreißiger Jahre heraus sprechend, geriet ihm der Versuch, dessen Wahrnehmung der jüdischen Existenz in Deutschland zu rekonstruieren, unversehens zur Rechtfertigung der antijüdischen Übergriffe im Dritten Reich. Jenninger kam auch dann von der Innenperspektive nicht mehr los, als er einen Augenzeugenbericht von der Massenerschießung russischer Juden zitierte und dabei nicht bemerkte, daß er selbst der Faszination durch den teilnahmslosen Blick erlag, den der Augenzeuge des Massakers festgehalten hatte. Als er unmittelbar anschließend einen Ausschnitt aus Himmlers Posener Geheimrede vortrug, nahm das Wort vom trotz-allem-anständig-Gebliebensein, gewiß in der Absicht zitiert, das zynische Spießertum der Nazimörder bloßzustellen, unter der Hand den Charakter einer apologetischen Aussage an: Ja, sind wir nicht wirklich anständig geblieben oder, wenn wir es nicht ganz waren, inzwischen geworden? Das aber hätte Jenninger auf einer dem Gedenken an die Opfer der Kristallnacht gewidmeten Feierstunde nicht verraten dürfen. Indem Jenninger sich verriet, verriet er mehr als sich selbst, gefährdete er ein in der Bundesrepublik gerade erfolgreich angelaufenes Unternehmen.

Sein Ziel ist, der Vergangenheit insgesamt Anstand beizubringen, sie korrekt zu machen, indem man mit der Korrektur der sprachlichen Benennung beginnt. Nicht mehr ins Innere hinabsteigen und dort den Schmutz der Subjekte aufwirbeln, sondern die Oberfläche normalisieren. Der fünfzigste Jahrestag des 9. November bot die Gelegenheit, eine solche korrigierende Operation zu vollziehen, und dabei störte Jenningers mißratener Rekonstruktionsversuch. Nicht um Beschönigung oder gar Verleugnen der Taten ging es, das hatte nur Ärger eingebracht, sondern um die Berichtigung der Namen, die immer noch von Vergangenheit entstellt waren. »Reichskristallnacht« war ein solcher Name, der die Sache nicht korrekt bezeichnete, sondern verlegen und verharmlosend umschrieb. Er erzählt zwei Geschichten auf einmal, die der von den Nationalsozialisten am 9. und 10. November 1938 gegen die Juden in Deutschland entfesselten Gewalt, und die Geschichte der Gewalt, die man der Sprache antat, um die an den Juden begangenen Verbrechen zu verschleiern. Zwei Geschichten in einem Wort, das aber war zuviel Geschichte für das neue Verständnis von Sachlichkeit. Zur »Reichskristallnacht« hätte immer eine Geschichte dazuerzählt werden müssen, und soviel Zeit hat niemand mehr. Der die Aufrichtigkeit befördernde Zeitdruck verlangt, daß man auf dem kürzesten Weg zur Sache kommt und den treffenden, unmißverständlichen Namen gebraucht. So ist im November 1988 der Name »Reichspogromnacht« kreiert und in der Bundesrepublik, wie ein neu auf den Markt gebrachtes, den Geschmack des Publikums treffendes Produkt, weithin angenommen worden. Der Ausdruck »Pogrom« hat dazu den Vorzug, daß seine Herkunft aus dem Russischen die Tat gewissermaßen ausbürgerte, sie fremder, um nicht zu sagen »asiatischer« Anstiftung in die Schuhe schiebt und jede Verbindung mit der eigenen Tradition mittelalterlichen »Judenschlachtens« verdeckt. Er macht zudem den schwer zu greifenden, nicht datierbaren Prozeß der Vernichtung des europäischen Judentums, als dessen Auftakt der 9. November 1938 gilt, historisch faßbar, grenzt ihn ein, stellt ihm ein bekanntes Modell zur Verfügung. Ende 1988 war auch die Zeit vorbei, in der gelegentlich vor Gericht gestellte Täter mit ihren Ausflüchten, ihren weitschweifigen Darstellungen der bürokratischen Organisation des Vernichtungsbetriebs, ihren großen Lügen und ihren kleinen Geständnissen den Eindruck verbreiten konnten, daß sich in dieser Vergangenheit etwas Diffuses, Unbegriffenes, sich nicht nur der Bestrafung, sondern auch der zupackenden Benennung Entziehendes verbirgt. Die Ablösung des lange Zeit hindurch gebrauchten Naziworts »Endlösung« durch »Holocaust« und dann durch »Shoah« trägt der Schwierigkeit Rechnung, einen Prozeß ohne Datum, Ort und Modell in einem das Bestimmte bezeichnenden Namen zu benennen.

Was sich in der Bundesrepublik im November 1988 ereignete, von der Jenninger-Panne weniger aufgehalten als akzentuiert, ist die erste öffentliche Manifestation eines historiographischen Umbauprojekts, das mit Normalisierung der Vergangenheit nur unzureichend charakterisiert wird. Es geht dabei um die fortschreitende Integration der Vergangenheit mit all ihren lange Zeit verdrängten Momenten in ein neues, dem Rang der Bundesrepublik in der Welt angemessenes Geschichtsbild. Der 9. November 1988 bedeutet den symbolischen Sieg Weizsäckers über Strauß und Kohl: Der in der Rede vom 8. Mai 1985 vom Bundespräsidenten zitierte jüdische Spruch »Das Geheimnis der Erlösung heißt Erinnerung« zierte im November 1988 die Briefmarke, mit der auch die Bundespost ihren Beitrag zum Gedenken leistete. Wenn es auch nicht ganz klar war, was dort mit Erlösung gemeint war, und wer von was erlöst werden sollte durch Erinnerung, so wurde die Erinnerung selbst durch Jahreszahlen spezifiziert: »9. November 1938 – 9. November 1988.« Gewöhnlich werden bedeutende Jubiläen mit runden Zahlen gefeiert, zum Beispiel 150 Jahre deutsche Eisenbahn; mit dieser Briefmarke kündigt sich eine Ära an, in der auch die Verbrechen unter die Bausteine gerechnet werden, aus denen sich das kollektive Werk zusammensetzt. 50 Jahre besteht es nun und verspricht eine erfolgreiche Zukunft im Zeichen von Erinnerung, Versöhnung und Erlösung. Außerdem wird die Synagoge an der Oranienburger Straße in Ostberlin, die auf der Briefmarkenzeichnung in Flammen stand, wirklich wiederaufgebaut.

»Die Prägung eines neuen, versöhnlich nationalen Gedenktages ist im Werden«, schrieb damals der Historiker Dan Diner, so als habe er geahnt, daß etwas in der Luft lag, was sich in einem nationalen Feiertag ganz anderer Dimension kristallisieren würde. Gewiß war es ein Zufall, daß die Berliner Mauer genau an einem 9. November geöffnet wurde, aber es zeugt von einem bei deutschen Sozialdemokraten hochentwickelten, weil im Verborgenen herangezüchteten Gespür für nationale Chancen, wenn Walter Momper prompt vorschlug, den 9. November zum deutschen Feiertag zu erklären. Das Datum des 9. Oktober, das für die DDR mit dem ersten Zurückweichen der Staatsmacht vor dem Mut der Leipziger Demonstranten verbunden ist, kam dafür nicht in Frage, denn es hatte nur etwas mit demokratischer Befreiung zu tun, ihm fehlte die nationale Bedeutung. Der 9. November dagegen hatte schon durch seine Konkordanz mit gleichlautenden Daten der deutschen Geschichte ein Anrecht auf besondere nationale Beachtung:

9. November 1918: Höhepunkt der Revolution mit der Abdankung des Kaisers.

9. November 1923: Hitlers gescheiterter Putschversuch, mit der Folge, daß die Nationalsozialisten beim nächsten Mal geschickter und erfolgreicher zu Werk gingen.

9. November 1938: Reichskristallnacht, weiterer Test der Nationalsozialisten, der sie belehrt, daß sie einen anderen Weg als den der unmittelbaren Gewalt einschlagen müssen, wenn sie dem von Hitler frühzeitig gesteckten Ziel, der »Beseitigung des Judentums überhaupt«, näherkommen wollen.

9. November 1989: Öffnung der Berliner Mauer, Ende der deutschen Teilung und Aufgehen aller vorausgegangenen Unglücksgeschichten in allgemeinem Wohlgefallen.

Die in Westberlin lebende Autorin Irene Dische hat kurz nach der Maueröffnung einen holländischen Historiker zitiert: »Was immer so bezaubernd an den Deutschen war – das Schuldgefühl in ihren Gesichtern – plötzlich ist es weg! Wie eine historische Katharsis hat die Öffnung der Mauer den Zweiten Weltkrieg aus ihrem Bewußtsein getilgt.«[3] Wie dieser Historiker, so haben auch andere Beobachter in den geöffneten Grenzübergängen Risse erblickt, durch die der Inhalt des bis dahin von außen zusammengehaltenen historischen Bewußtseins der Deutschen langsam ausläuft. Die Berliner Mauer, obgleich ein Erzeugnis des Kalten Krieges, wurde von vielen, bewußt oder unbewußt, als ein Bauwerk wahrgenommen, das in einem unbestimmten Zusammenhang mit Auschwitz stand, jedenfalls ein Symbol der fortdauernden und im Hinblick auf die Schwere des Verbrechens nicht übertriebenen Bestrafung akzeptiert werden konnte. Eine verständliche, wenn auch falsche Wahrnehmung, davon abgesehen, daß die Mauer nur von einer Minderheit der Deutschen, der östlichen, als Strafe hätte empfunden werden können.

Die Öffnung der Mauer, irreversibler Auftakt zur Deutschen Vereinigung, bringt in Wirklichkeit kein zerbrechliches Gebäude kollektiver Erinnerung zum Einsturz, sondern beschleunigt nur zusätzlich den in der Bundesrepublik schon lange davor angelaufenen Funktionswandel des historischen Bewußtseins. Erinnerung ist fast vollständig umgepolt, zum Positiven. Ende gut, alles gut – einschließlich der unterwegs überstandenen Zwischenfälle und begangenen Verbrechen. Am Ende der Bewußtseinsschleife färbt sich der ganze Himmel rosa und taucht die ausgebreitete Vergangenheit in ein mildes Licht. Die Aussicht auf die Vereinigung, die die westliche Spitzenkraft mit der östlichen Spitzenkraft zusammenführt und Europa eine stabile Hegemonialmacht schenkt, läßt vergangenen Hader um die Vergangenheit vergessen. Weil nichts mehr auf dem Spiel steht, da die Partie für alle erfolgreich ausgegangen ist, hat etwas wie der Historikerstreit seinen Gegenstand verloren. Denn wie man Auschwitz auch dreht und wendet, ob man es als originale deutsche Erfindung betrachtet oder als reagierende Antwort auf Stalin, nichts ändert sich daran, daß es geschehen ist und auf seine Weise zum Zustandekommen der glücklichen Gegenwart beigetragen hat.

Deshalb ändert die Erinnerung völlig ihr Wesen. Sie ist keine Anstrengung mehr, die den Widerstand von Schuldgefühl und Scham überwinden muß, sondern ein Zustand insgesamt positiver Ladung. Sie muß vor keiner dunklen Zone mehr zurückschrecken, weil es stets den Kontrast zum guten Ende gibt, an dem sie sich erfreuen kann. Was sich in der Bundesrepublik der achtziger Jahre bereits angebahnt hat, erfährt mit der deutschen Vereinigung seine historische Absegnung: Alles ist erinnerungs- und ausstellungsfähig, nichts muß mehr versteckt werden. Alles läßt sich dokumentieren, und was von der Dokumentation nicht gleich gebraucht wird, wandert in das Zwischenlager der Kultur, wo es bei Bedarf abgerufen werden kann. Jeder Tag eignet sich künftig zum Gedenk- oder nationalen Feiertag, weil es keine Ereignisse mehr gibt, die störend in die Gegenwart hineinwirken. Die Autoren einer Werbeschrift des Versandhauses Quelle haben das sehr wohl begriffen, als sie im Frühjahr 1990 in ein Geburtstagsblatt für die Kunden des Hauses hineinschrieben: »Das besondere Ereignis an Ihrem Geburtstag: Heinrich Himmler befiehlt die Einrichtung eines Konzentrationslagers in Auschwitz.«

Der westberliner Regierende Bürgermeister Walter Momper hat nicht nur im Überschwang gesprochen, als er in der Nacht der Maueröffnung die Deutschen »das glücklichste Volk der Erde« nannte. Glücklich sind sie im Angesicht der bevorstehenden Lösung der deutschen Frage, weil sie keinen Grund mehr haben, mit sich und ihrem Schicksal zu hadern. Keine Klage mehr über verpaßte historische Chancen und verhängnisvolle Sonderwege. Kein quälendes Räsonnieren mehr über das Mißverhältnis zwischen schwachen Kaisern des Mittelalters und starken Territorialfürsten, über den Spaltpilz der Reformation, über ungerechte Behandlung im Westfälischen Frieden, über den zu schnellen Aufstieg Preußens, über die gescheiterte bürgerliche Revolution, über Bismarcks Reichseinigung von oben, den größenwahnsinnigen Griff nach der Weltmacht mit allen seinen Folgen. Gemessen an dem, was als Resultat dieser mäandrisch verlaufenen deutschen Vorgeschichte herauskam, nämlich ein Land nahezu idealer innerer und äußerer Abmessungen in Anbetracht der am Ende des 20. Jahrhunderts herrschenden Wettbewerbsbedingungen, fallen die deutschen Um- und Abwege nicht ins Gewicht. Ihre Betrachtung wird künftig nur noch gedämpfte Heiterkeit auslösen.

Den Deutschen, die von nun an auf ihre Vergangenheit zurückblicken, ergeht es wie einem alterslosen und womöglich unsterblichen Individuum, das keinen Anlaß hat, vor der Erinnerung an eine frühere kräftigere Verfassung zurückzuschrekken, die es mit einem gegenwärtigen Verfallszustand konfrontieren könnte. Sie sind sich ihrer Gegenwart und der daraus extrapolierten Zukunft so sicher, daß sie sich erlauben können, beim Rückblick auf ihre Vergangenheit keine noch so kränkende Episode zu übergehen. Dadurch lassen sie sich aber auch gern zur Überheblichkeit gegenüber Völkern verführen, die noch nicht auf ihrem Stand historischer Transparenz angelangt sind. Besonders verwerflich erscheint ihnen die Weigerung der offiziellen Türkei, die Verantwortung für die an den Armeniern im Jahr 1915 begangenen Massaker anzuerkennen, der Versuch türkischer Historiker, nach dem Vorbild antisemitischer Geschichtsrevisionisten den Armeniern selbst die Schuld an ihrer Vernichtung zuzuschieben. Vergessen wird dabei nur, daß sich das Geschichtsbewußtsein der Türken unter vergleichsweise ungünstigen Bedingungen entwickeln muß, nämlich in dem Schatten, den eine große osmanische Vergangenheit auf die kleine türkische Gegenwart wirft, womit sie gleichzeitig die Zukunft verdüstert. Der Ägypter, der die Cheops-Pyramide betrachtet, und an das Ptolemäische Zeitalter denkt, wird ein anderes Verhältnis zur Geschichte haben als der Deutsche, der das Konzentrationslager Buchenwald besucht. Es ist ein Glück für die Deutschen, daß ihre Vergangenheit diskontinuierlich verlaufen ist und wenig schattenwerfende Monumente hinterlassen hat, weil es ihre Gegenwart ist, die herausragt und ihnen Trost spendet. Am Ziel der Wünsche nach Einheit, Freiheit und Macht angekommen, sehen sie manche Nachbarländer, die sie immer um ihre geschichtliche Kontinuität und ihr Nationalbewußtsein beneidet hatten, mit anderen Augen. Sie entdecken auf einmal, daß Kontinuität auch zur Last werden kann und daß sie von partiellem Vergessen, von der Überbrückung schwieriger Abschnitte durch Legenden lebt. Ist da das eigene Ideal der Transparenz, an dem andere gemessen werden, nicht ein widerspruchsvolles Symptom? Zeigt es womöglich an, daß die Deutschen, die ihren Nationalstaat bekommen, immer noch keine Nation bilden, sondern auf ihrem Territorium einen florierenden multinationalen Konzern unterhalten, der nicht von vergangenen Legenden lebt, sondern von seinen Investitionen in die Zukunft?

Doch mit der erinnernden Transparenz ist es dort nicht so weit her, wo öffentliche Blicke selten hinfallen. Auf der einen

Seite hat die Moorweide in der Nähe des Hamburger Dammtorbahnhofs den Namen »Platz der Deportierten« erhalten, auf der anderen hat sich niemand etwas dabei gedacht, daß der Isolationstrakt der Hamburger Haftanstalt Fuhlsbüttel den Namen eines Konzentrationslagers trägt, »Dora«, was bei einer Gefangenenrevolte im Mai 1990 ans Licht kam. Das Konzentrationslager Dora wiederum, bei Nordhausen in der DDR gelegen und bisher als Gedenkstätte vom SED-Staat unterhalten, droht im Zuge der Vereinigung dem Vergessen anheimzufallen. Die Kriegsgefangenen und KZ-Häftlinge, die dort in unterirdischen Stollen bei der Zwangsarbeit für Wernher v. Brauns Raketenproduktion ihr Leben ließen oder ermordet wurden, sind in ihrer Opferrolle inzwischen auch von neueren Opfern abgelöst worden. Die Bezeichnung »Vernichtungslager« wurde 1990 in der FAZ von den Tötungsindustrien der Nazis abgelöst und dem Lager Fünfeichen bei Neubrandenburg verliehen, in dem die sowjetische Besatzungsmacht nach 1945 zahlreiche Häftlinge an Unterernährung sterben ließ. Der Transparenz eröffnen sich ganz neue Felder.

Witold Gombrowicz notierte 1963 in Westberlin: »Ich kann nicht sagen, daß es mich besonders entsetzt hätte, wenn ich zum Beispiel fünf Deutsche sähe mit acht Maschinen, bei einem Hausbau beschäftigt. Gewiß, diese Leidenschaft zu verwirklichen, eine unnachgiebige, obgleich so friedlich ruhige, kann beunruhigen ... aber wieviel bedrohlicher ist es, sie sich zu verwirklichen zu sehen in etwas mehr Chimärischen, in der Kultur ... ( ) ... viel wäre zu reden, wenn ich erzählen möchte, was ich gesehen habe, worauf ich gestoßen bin, jene, vor allem, unheimliche Loyalität des in der Kultur tätigen Deutschen, eine insofern allerverwunderlichste, als sie Hand in Hand mit allerscharfsinnigstem Skeptizismus geht.«[1]

Gombrowicz müßte sich heute noch viel mehr wundern, wenn er entdeckte, daß inzwischen praktisch alle Deutschen in der Kultur tätig sind, in der politischen Kultur, der Multikultur, der Unternehmenskultur, der Freizeitkultur, der Streitkultur, der urbanen Kultur, der Wissenschaftskultur, der regionalen Kultur, der europäischen Kultur, mit immer noch unheimlicher Loyalität. Der Skeptizismus allerdings ist nicht mehr der alte, er ist fülliger geworden, hat sich mit düsteren Substanzen vollgesogen, trägt schwarzgefärbte Zähne wie früher die japanischen Ehefrauen, nicht eigentlich Zweifel prägt sein Aussehen, sondern die hoffnungslose Gewißheit, daß die ganze Anstrengung umsonst ist, weil die Katastrophe naht.

Die Tätigkeit nimmt sogar in dem Maß an Intensität und Loyalität zu, in dem die sie einmal begleitende Skepsis in Endzeitgewißheit umschlägt. Also nicht mehr das Pflanzen eines Apfelbäumchens, wenn der Weltuntergang in Aussicht steht, sondern die Anlage einer ganzen Apfelbaumplantage mit angeschlossenem Genlabor. Umgekehrt ließe sich auch sagen, daß die Anlage einer Apfelbaumplantage oder eines anderen auf die Zukunft gerichteten Projekts danach verlangt, von der Musik des Untergangs begleitet zu werden, um vertrauenswürdig wirken zu können. Nur im Angesicht der nahenden Katastrophe macht die sonst chimärisch erscheinende Tätigkeit Sinn. Gerade das, was der damals nach fünfundzwanzigjährigem Exil in Argentinien nach Europa zurückgekehrte Gombrowicz am »allerverwunderlichsten« fand, ist in der Zwischenzeit zum Gewöhnlichsten geworden. Nur ein Verwirklichen, das Hand in Hand geht mit dem Gedanken seiner Vernichtung, gilt als wirklich.

Kaum auszudenken, was Gombrowicz gesagt hätte, wäre er fünfundzwanzig Jahre später Zeuge loyaler Verwirklichungen geworden, zu deren Begleitung statt eines schüchternen Skeptizismus die durch mehrere Generationen von Untergängen hindurchgegangene und entsprechend gehärtete Katastrophengewißheit gehört. Der Tod der Literatur war noch das liebenswürdigste Ende. Das Ende der Industriegesellschaft durch Versiegen der Rohstoffquellen. Die atomare Apokalypse, herangeschafft in den Mittelstreckenraketen. Das ökologische Desaster, intensiviert nach Tschernobyl. Drohender Kollaps der Erdatmosphäre. Zusammenbruch der Finanzmärkte. Das Ende vom Ende und ein neuer Anfang vom Ende.

Nachdem das alles überlebt worden ist, geht zwar das Leben weiter, aber es ist nicht mehr dasselbe. Das überlebende Leben ist schöner als das gewöhnliche Leben. Es weiß jetzt, was es vom Untergang unterscheidet. Nie hat Mitteleuropa eine so gute Presse gehabt wie in der zweiten Hälfte der achtziger Jahre, nachdem es dem Schicksal entronnen war, atomares »Schlachtfeld Mitteleuropa« zu werden. Damit das Schöne schön bleiben kann, verlangt es nach Auffrischung durch die alten Untergangsbilder. So wie die christliche Unsterblichkeit sich immer von neuem der praktischen Erfahrung der Sterblichkeit an die Seite stellt, um diese sowohl zu verschönen als auch in ihren Wirkungen einzugrenzen, so darf der Untergang nicht verschwinden, damit das Überleben sich nicht allzu selbständig macht und sich dadurch von seinem vitalen Antrieb löst. Denn ohne Faust im Nacken, die an schleichende Vergiftung, an die Unberechenbarkeit der internationalen Börsen oder an die Gefahr kriegerischer Auseinandersetzungen erinnert, verlören die vielfältigen Anstrengungen, durch sorgsam ausgewählte Ernährung das Leben zu verlängern und durch zusätzliche Altersversorgung finanziell abzusichern, ihr belebendes Motiv. Ein beträchtlicher Teil der kulturellen Tätigkeit widmet sich der Aufgabe, das lebensaktivierende Bewußtsein der gerade überstandenen und dennoch nicht aus der Welt geschafften Katastrophe wachzuhalten.

Seit der Zeit, als Witold Gombrowicz in Westberlin die für ihn irritierende Koexistenz von rastloser Tätigkeit und scharfsinnigem Skeptizismus entdeckte, hat sich vieles verändert. Das damalige Verwirklichen war ein von Glauben behütetes und moderiertes Verwirklichen, eingebettet weniger in einen christlichen Jenseitsglauben als in den diesseitigen Glauben an den Fortschritt, und an die Heilskraft der Moderne. Es dient sich nicht nur selbst, sondern auch dem Fortschreiten zu einem weiteren Horizont. Da der Glaube an den Fortschritt die Szene der aus den Kriegsruinen herausgewachsenen Bundesrepublik in historisch weit fortgeschrittener Gestalt betrat, war es unvermeidlich, daß er, durch die vorausgegangenen Feuerproben der Weltkriege und der Massenvernichtung in Mitleidenschaft gezogen, die Skepsis miteinschleppte. Eine ganze Generation schien damals, wie Soziologen behaupteten, von der Skepsis angesteckt. Sie brachte jedoch keine Lähmungserscheinungen hervor, sondern stimulierte die allgemeine Tätigkeit im Rahmen des Fortschritts. So wie das Christentum gestärkt, verjüngt und realitätstüchtig aus dem Säurebad der Säkularisierung hervorging, setzte der Glaube an den Fortschritt seinen Weg etwas leiser, aber nicht weniger zielstrebig und aktivierend fort. Ende der sechziger Jahre kam es zu einer Art Gefäßstauung in der Blutbahn des Fortschritts, einem Zusammenklumpen seiner Energien, was einen gewaltsamen Durchbruch anzukündigen schien, eine jener ruckartigen Beschleunigungen, die, Revolution genannt, das Zeitalter der Moderne auf Tempo gebracht hatten. Doch der Fortschritt als Idee hat den Aderlaß nicht überlebt, der auf den revolutionären Adrenalinstoß folgte. Nur noch in der Werbung, in großsprecherischen Leitartikeln und in der Parteipropaganda führt er ein Scheinleben fort.

An seine Stelle sind Untergang, Katastrophe, Kollaps, Chaos, Anomie, Implosion, Apokalypse getreten. Rohstoffmäßig, sozial, ökologisch, militärisch, planetarisch. Es wäre aber ganz verkehrt, darin einen Triumph der Skepsis aus Gombrowicz' Szene zu erblicken. Denn vom Fortschritt hat die Katastrophe die Gewißheit übernommen, daß nichts ihr entgeht, also das Gegenteil des Skeptizismus. Hat er sich bei der Anstrengung verausgabt, den sich noch einmal aufbäumenden Fortschritt in Zaum zu halten? Hat er seinen Platz, seine Funktion und sein Wesen geändert? Hat er sich am Ende selbst aufgezehrt, durch fortschreitendes Eindringen des Zweifels in den Zweifel? Oder hat er sich von der »unheimlichen Loyalität« der allgemeinen Tätigkeit einfangen lassen, die aus dem Einbruch der Katastrophen unversehrt, wenn nicht gestärkt hervorgegangen ist?

Mit den Kategorien, die Witold Gombrowicz aus Argentinien mitbrachte und die, alteuropäisch geformt, der Logik des Gegensatzes entstammen, lassen sich solche Fragen nicht mehr beantworten. Gombrowicz blieb nichts anderes übrig, als im Nebeneinander von rastloser Tätigkeit und allerscharfsinnigstem Skeptizismus ein Paradoxon zu erkennen und sich zu wundern. Ihm stand noch nicht die zeitgenössische Denkfigur zur Verfügung, die den im Paradoxon aufscheinenden Gegensatz aufhebt. Hätte Gombrowicz im Jahr 1963 den Begriff des Fließgleichgewichts gekannt und verstanden, wäre ihm die Beunruhigung erspart geblieben, die er empfand, als sich die »unheimliche Loyalität des in der Kultur tätigen Deutschen« und der »allerscharfsinnigste Skeptizismus« begegneten. Er hätte darin vielmehr eine Konstellation erblickt, die sich, in unablässiger Transformation begriffen, zum vorwärtstreibenden und zugleich stabilisierenden dynamischen Kern eines Fließgleichgewichts entwickelt. Wenn es überhaupt einen Gedanken gibt, der der Bundesrepublik wie auf den Leib geschneidert scheint, dann ist es der des Fließgleichgewichts: Statt von einem Extrem ins andere zu fallen und dabei, wie ein auf- und niederstampfender Dampfmaschinenkolben viel Zeit und Energie zu verbrauchen, haben die Bundesdeutschen gelernt, sich gleichzeitig in verschiedene Richtungen zu bewegen und alle diese Bewegungen in dynamischer, vorwärtstreibender Balance zu halten. Ist es bloßer Zufall, daß der kolbenlose Wankelmotor in der Bundesrepublik erfunden worden ist?

Mit dem Erfinden der revolutionären zeitgenössischen Ideen, die, wie die des Fließgleichgewichts oder der Chaostheorie, alte überlieferte Denkhemmungen erfolgreich beseitigten, zum Beispiel die von der guten alten Geschichtsphilosophie hinterlassenen, sind die Bundesdeutschen jedoch merkwürdig knauserig und steril. Sie ziehen es vor, die anderen, Franzosen, Amerikaner, Italiener, denken zu lassen, deren Gedanken sie dann halb fasziniert, halb abwehrend bereden, und dabei längst zu machen, was die entsprechenden Ideen nur andeuten. In Frankreich werden die radikalsten Theorien des Feminismus entworfen, aber in den Institutionen der Bundesrepublik, den Parteien und Universitäten, Verwaltungen und Ministerien, wird am unerbittlichsten um Frauenquoten gestritten, während in Paris niemand auf den Gedanken kommt, die feministische Theorie durch den Kampf für Parlamentssitze zu banalisieren. An der Ausarbeitung all der bunten Theorien, die der Postmoderne zugerechnet werden, haben zeitgenössische einheimische Denker nur geringen Anteil, umso heftiger allerdings fällt die Debatte aus, die in der Bundesrepublik um das Für und Wider geführt wird: Wird nicht die Tradition der Aufklärung liquidiert? Soll dem Begriff der Vernunft der Garaus gemacht werden? Aus der Moderne, die gerade deshalb hochgehalten wurde, weil sie als Zerstörung des Alten und als Bruch mit der Tradition galt, entsteht plötzlich ein »Projekt«, das auf einer wertvollen Tradition ruht, und deshalb gegen Attacken von außen und innere Auflösungserscheinungen verteidigt werden muß. So wenig sich ein Bruch auf Dauer stellen und in Tradition verwandeln läßt, so wenig läßt sich das bewegende Moment der Bundesrepublik in einem durchdachten, kohärenten Projekt unterbringen, das auch noch an die Idee des Fortschritts gekoppelt ist.

Seit der Fortschritt aus ihr herausgeschnitten wurde, ist es eine ziemlich zerrupfte Moderne, woran man sich in der Bundesrepublik klammert. Warum läßt man sie dann nicht ganz los und vertraut sich der Verführungskraft von Theorien an, die das Gewicht eines Projekts fröhlich abwerfen, die den Kosmos als Chaos beschreiben und die Umkehrbarkeit jeder Ordnung behaupten? Ganz einfach deshalb, weil ein Stück Gewicht gebraucht wird, um das Fließgleichgewicht am Fließen zu halten. Die Katastrophe darf sich nicht ganz im mathematisch neutralisierten Katastrophenbegriff auflösen, weil sie sonst ihren Wert als Stimulans und Schreckgespenst verliert.

Im Unterschied zu anderen Ländern und Kulturen kommt es in der Bundesrepublik vor allem darauf an, den Verdacht aufrechtzuerhalten, daß der Anblick täuscht, daß der sichtbare Reichtum nur ein Scheinreichtum ist, der den Keim des Untergangs, des Kursabsturzes, des finalen Ruins in sich trägt. Nur so ist der Gedanke des in der Welt ziemlich beispiellosen bundesdeutschen Reichtums überhaupt auszuhalten. So wie der Glaube an den Fortschritt notwendig war, um mit der Aussicht auf eine strahlende Zukunft über die gegenwärtigen Wunden hinwegzutrösten, die der Einbruch der Industrialisierung in die traditionelle Ordnung schlug, so verfolgt der Glaube an die allgemeine

Katastrophe einen scheinbar entgegengesetzten, in Wahrheit aber komplementären Zweck: Indem er mit der Katastrophe die allgemeine Gleichheit vor der Katastrophe antizipiert, entzieht er der bestehenden Ungleichheit die skandalöse Realität. Da Armut und Reichtum nur vorübergehende Zustände sind, deren Unterschiede im Schatten des drohenden Untergangs ohnehin verblassen, ist auch nichts dabei, wenn man bis zum Tag X sein Leben noch ein bißchen genießen will. Eine Geschichtsphilosophie, die darin den Fortschritt am Werk sehen will, ist deshalb als zynische Veranstaltung abzulehnen.

Wenn nun niemand mehr an den Fortschritt glaubt, andererseits aber nicht zu übersehen ist, daß die Bundesrepublik seit ihrer Gründung politisch, ökonomisch und zivilisatorisch eine eindrucksvolle Wegstrecke zurückgelegt hat, stellt sich die Frage nach der Benennung. Es bietet sich der aus der Modernisierungsdiskussion stammende Begriff der Entwicklung an. Gegenüber dem Fortschritt hat die Entwicklung den Vorzug, daß sie ohne die Vorstellung von vorantreibenden Kräften auskommt, die hinter der Bewegung stecken. Es entwickelt sich eben, von sich aus und soweit die Umstände es zulassen. Die Entwicklung verspricht einerseits keine stetige Annäherung an ein vorgegebenes utopisches Ziel, schließt andererseits aber auch nicht aus, daß sie sich in Richtung auf eine bessere Zukunft bewegt. Ob sie sich zwischendurch beschleunigt oder ob sie ins Stocken gerät, kein Zwischenfall läßt sich als Widerlegung gegen sie verwenden. Im Begriff der Entwicklung wird die Geschichte naturalisiert, ebenso wie im Begriff des Wachstums, der ihm auf der ökonomischen Ebene entspricht. Was der Fortschritt bei seinem Schiffbruch abgeworfen hat, die Begleitung durch die sich jeder Kritik entziehenden Unaufhaltsamkeit eines angestoßenen Naturvorgangs, ist auf Entwicklung und Wachstum übergegangen. Meldet sich dagegen Skepsis zu Wort, wird sie sogleich auf das Katastrophenszenario verwiesen, in dem eine noch viel radikalere Skepsis längst Sitz und Stimme hat.

Stop making sense, no future, Postmoderne, posthistoire, Projekt Moderne oder katastrophale Moderne – was sich auch immer in den Haaren liegt, wenn über die Deutung der Gegenwart gestritten wird, es muß die Risiken nicht tragen, mit denen sich die vorgeführten Risikogesellschaften, Instabilitäten, unvorhersehbaren Selbstorganisationen gegenseitig überbieten. Enzensberger e tutti quanti verraten es in dem heiteren Ton, der ihre Debatten über Gegenwart, Zukunft und Tod umgibt. Es ist eine Heiterkeit, die sich von der amerikanischen dadurch unterscheidet, daß sie statt weiter Räume eine rasende Zeit hinter sich hat. Der Ausdruck des Gehetztseins, zur Heiterkeit verzerrt, wird aber überdeckt von dem Gefühl der Sicherheit, das die Geschwindigkeit verleiht. Sie saugt Gefahren ein und stößt sie ebenso schnell wieder aus. Die kommende Katastrophe verwandelt sich flugs in die vergangene und überstandene Katastrophe. Und zwar so schnell, daß das Denken den Anschluß an die Verwandlung verliert. Es ist noch von der Anspannung des Untergangs gezeichnet, während die reale Entwicklung schon wieder durch befriedete Regionen führt. Die Verspätung gegenüber den Dingen erfüllt das gegenwärtige Denken mit dem Charme der Melancholie, die sich aus der Erinnerung an die vergangenen Tage der Gleichzeitigkeit oder sogar der Antizipation nährt.

Walter Benjamin, ein Denker aus der vergangenen Zeit der Antizipation, hat etwas von der eigenartigen Mischung aus Untergangsvision und Entwicklungspositivismus kommen sehen, die das in der Bundesrepublik als zeitgenössisch akzeptierte Denken auszeichnet, es damals jedoch, Ende der zwanziger Jahre, mit dem Surrealismus in Verbindung gebracht:

»Pessimismus auf der ganzen Linie. Jawohl und durchaus. Mißtrauen in das Geschick der Literatur. Mißtrauen in das Geschick der Freiheit, Mißtrauen in das Geschick der europäischen Menschheit, vor allem aber Mißtrauen, Mißtrauen und Mißtrauen in alle Verständigung: zwischen den Klassen, zwischen den Völkern, zwischen den Einzelnen. Und unbegrenztes Vertrauen allein in I. G. Farben und die friedliche Vervollkommnung der Luftwaffe.«[2]

Das Vertrauen in I. G. Farben allerdings ist dahin, schon weil es keine I. G. Farben mehr gibt. Und die Vervollkommnung der Luftwaffe spielt auch nicht mehr die entscheidende Rolle. Der Pessimismus auf der ganzen Linie muß sich moderne Verbündete suchen, in die er Vertrauen setzen kann. Die aus der Zerschlagung von I. G. Farben hervorgegangenen Chemiekonzerne machen gewiß keine schlechte Figur. Auch der Name Mercedes-Benz hat einen guten Klang, seit er sich von der Straße in die Lüfte und von dort in den Weltraum erhoben hat. Als einzige Basis für unbedingtes Vertrauen sind die Industrien allerdings zu unzuverlässig, denn ihr Wohlergehen hängt von den Launen der internationalen Börsen und den elektronisch erzeugten Unwettern in den Wechselkursen ab. Man muß sich überhaupt von der Fixierung auf feste Größen lösen. Die Erscheinungsform der Entwicklung ist nicht die geometrische Progression, sondern der Prozeß. In ihn sind die multinationalen Konzerne ebenso verwickelt wie die Menschenrechte, die Globalsteuerung der Geldmengen ebenso wie die Unwägbarkeiten demokratischer Willensbildung, die Massenpsychologie des Konsums ebenso wie die Informationsflüsse der Mediengesellschaft, die Emanzipation der Frauen als unbekannte Einflußgröße bei komplexen Systemen ebenso wie die überraschenden Zwischenergebnisse sozialer Selbstorganisation. Im Prozeß sind gewissermaßen alle Abenteuer versammelt, die die zeitgenössische Welt zu bieten hat, was der Ausdruck »Risikogesellschaft« vielversprechend andeutet. Das Schöne an diesem Prozeß ist, daß das Fließgleichgewicht, in das er die in ihm wirkenden widerstreitenden Faktoren bringt, die Gesellschaft der Bundesrepublik sanft, aber kontinuierlich vorwärtsgeschoben hat. Also unbegrenztes Vertrauen in den Prozeß, sonst aber Pessimismus auf der ganzen Linie. Der Surrealismus, der Benjamin den Anstoß gab, die Gleichzeitigkeit von Pessimismus und unbegrenztem Vertrauen zu denken, hat sich offenbar im entwickelten Denken der Bundesrepublik materialisiert.

Was aber ist daran bundesdeutsch? Sicher nicht seine Quellen. Auch nicht die zivilisatorische Tendenz, aus der das Denken in Prozessen und Diskursen hervorgegangen ist. Das Motto, die Macht »ohne den König zu denken«, stammt aus Frankreich, einem vergleichsweise königlich regierten Land. Es sind nicht die Elemente des Denkens, die ihm den bundesdeutschen Stempel aufprägen, es ist ihre Zusammenstellung und deren Verwendung. Die Beschreibung der Welt als selbstgesteuerter Katastrophe hat den Vorzug, daß der eigene Platz in dieser Welt prinzipiell nicht mehr bestimmbar ist. Die Bundesdeutschen in ihrer Gesamtheit tun gar nichts besonderes, sie sind, einschließlich der Exporteure, Bankmanager, Wirtschaftsbürokraten und Wechselkursagenten, in übergreifende Prozesse involviert, die niemand steuert und niemand verantwortet. Es entwickelt sich eben, wie es sich entwickelt, ohne Plan und ohne Zentrum. Daß es für die Gesellschaft, die solche Beobachtungen ermöglicht, seit Jahrzehnten gut und immer besser ausgeht, verdankt sich allein der glücklichen Konstellation vielfältiger, in ihrer Wirkung unberechenbarer Einflußgrößen. Theoretisch hat sich dieses heitere Denken in einer erkenntnistheoretischen Schweiz angesiedelt, für die jene Regel der Relativität nicht gilt, die besagt, daß die Beobachtung selbst Einfluß auf das Beobachtete hat. Der neutralisierte und entterritorialisierte Blick reflektiert auf seine Weise blind die Position der Bundesrepublik in der Hierarchie der Weltzeit, die über Räume hinweg expandiert, ohne daß er imstande ist, seinen eigenen Ausgangspunkt innerhalb dieser Hierarchie zu erkennen. Er behauptet, die Welt aus der Distanz zu betrachten, ohne die Brille der Ideologien, der überlieferten Deutungen und universalen Geschichtsphilosophien, bleibt aber in dem Raum der höchstentwickelten Industriezivilisation gefangen, deren Funktionieren ihm als Modell des Weltlaufs schlechthin erscheint.

Ob nun als postmodern oder als noch modern bezeichnet, das von neuen naturwissenschaftlichen Theorien inspirierte Denken in Katastrophen- und Chaoskategorien wäre als selbstgenügsames Spiel weitgehend unterschätzt. Denn es beschreibt einen Aspekt der inneren Bewegungsform einer hochentwickelten Industriegesellschaft wie der bundesdeutschen, der aus dem Bild des Fortschritts ebenso herausfällt wie aus dem Gegenbild des Verfalls. Die sich beschleunigende Zeit dieser Gesellschaft zerstört laufend die subjektive Erfahrung der Kontinuität des Zeitverlaufs. Einmal erworbenes, auf die Zukunft gerichtetes Wissen verliert immer schneller seinen Wert, der Rückhalt, den die Verankerung in gesicherten Erfahrungen verleiht, schwindet mit der Entwertung gesammelter Erfahrungen dahin. In dem Maß, in dem die gleichmäßige Akkumulation der Zeit auseinanderfällt, verliert die Vorstellung von Fortschritt ihre Erfahrungsgrundlage. Was sich akkumuliert, sind die Brüche und die abrupten Wechsel, so daß sich die Erfahrung der Diskontinuität an die Stelle der Kontinuität setzt. Die katastrophische Katastrophe rückt damit als denkbare Zukunftsperspektive ins Blickfeld. Daß sich die Entwertung von Wissen und Kompetenz mit dem permanenten Neuerwerb austauscht, daß sich Verlust und Gewinn möglicherweise in fließendem Gleichgewicht halten, bleibt der gekränkten individuellen Erfahrung verschlossen. Sie greift dann zu ihrer Besänftigung zum globalen Untergang.

Die Theorie des Fließgleichgewichts bleibt in ihrem Erklärungswert aber ebenfalls beschränkt. Sie kann zwar beschreiben, wie eine als komplexes System betrachtete hochentwickelte

Industriegesellschaft Störungen absorbiert und Trägheitsmomente in Beschleunigungsimpulse verwandelt, ohne aus der Balance zu geraten, aber sie kann nicht erklären, warum die sich derart reproduzierende Gesellschaft insgesamt vorwärtsbewegt und sich an der Spitze der globalen Hierarchie hält. Als globales Modell taugt das Fließgleichgewicht nicht, weil es zahlreiche Größen unangetastet läßt, die Rangordnung zwischen hochentwickelter und wenig entwickelter Welt nicht durcheinanderbringt, oben und unten nicht in die Zirkulation der Systemelemente einbezieht. Das geordnete Chaos der Chaostheorie spart die Bereiche aus, in denen sich Weltmacht reproduziert, und gaukelt eine Welt vor, in der alle irgendwann eine Chance haben, und das Ganze sowieso nicht übersehen werden kann. Der Bundesrepublik steht das Chaos gut zu Gesicht, weil sie sich, Gewinnerin verlorener Kriege und Beherrscherin gegenwärtiger Märkte, ganz unschuldig geben kann. Sie hat nur zufällig Glück gehabt, und ein Zusammenhang mit dem Unglück anderer ist nicht zu erkennen. Die Entwicklung geht weiter, ohne Kopf, den man ja auch nicht sehen kann, wenn man in ihm sitzt. Außerdem kommt die Katastrophe und macht alle gleich.

Witold Gombrowicz hat 1963 in Westberlin gespürt, daß die Deutschen, mit denen er zusammentraf, etwas zu verbergen hatten, etwas wie eine heimliche, zukunftsbestimmende Beschäftigung. »Man sprach immer von *etwas anderem,* Brecht, Grass, Studien, Reisen, Lessing. In dem Maße wie Mitternacht nahte, wuchs meine Neugier ... was machen sie mit der *Zeit*? Was machen sie mit dem Neuen Jahr? Was werden sie mit dem Moment beginnen, in welchem die *Vergangenheit* und die *Zukunft* hereinbricht? Und was? ...«[3]

7 *Der Feind im Taschenrechner. Nachlese zur Rushdie-Affäre*

Während die Insassen des geräuschgedämpften und klimatisierten Hochgeschwindigkeitszuges das zeitsparende Tempo als Komfort genießen, bleibt ihnen die Gewalt der Zeit verborgen. Sie zu sehen, ist das ambivalente Privileg derjenigen, die sich als ihre Opfer fühlen. Wenn die Zeit schmerzt, findet sie leichter den Weg in die Sprache und wird dort sichtbar.

Die marokkanische Soziologin Fatema Mernissi widmet ein Kapitel ihres Buches *Der politische Harem. Mohammed und die Frauen* dem Leiden an der Zeit, in dem sie die arabisch-islamische Welt gefangen sieht. »Die Muslime leiden am Schmerz der Gegenwart, wie die europäische Jugend der Romantik am Weltschmerz litt.« Die Gegenwart schmerzt, weil sie sich nicht zur Zukunft öffnet: deren Räume scheinen längst von einer anderen Übermacht besetzt. »Die Gesellschaften, die uns in unserer Identität bedrohen, haben sich ganz und gar der Zukunft verschrieben und machen aus ihr eine Wissenschaft, was sage ich, eine Waffe der Beherrschung und Kontrolle.«[1]

Vorbei die Epoche der sichtbaren Fremdherrschaft, die sich in den Paraden der Kolonialarmee vor dem Sitz des Gouverneurs ausstellt. »Heutzutage«, schreibt Fatema Mernissi, »schleicht sich die Herrschaft durch die vertraute Gegenwart der Uhr ein. Das oftmals aufdringliche Geräusch der Quarzuhren, das zu jeder vollen Stunde die Unterhaltung zweier Araber an den milden Abenden von Tripoli oder Riad unterbricht, führt in seiner Absurdität die Allgegenwart der neuen Form von Besetzung anschaulich vor Augen.« Sie ruft nicht nur die politische und militärische Niederlage in Erinnerung, die die arabische Welt in den Nahostkriegen hat hinnehmen müssen, sondern auch die Erkenntnis, daß auf diesem Feld nichts mehr zu gewinnen ist. Aber auch die ökonomische Waffe der Verfügung über Land und Bodenschätze hat sich als stumpf erwiesen: Der Versuch der ölproduzierenden Länder, die westlichen Industrienationen durch Verknappung und Preiserhöhung herauszufordern und sie zu einer Auseinandersetzung auf dem von ihnen bestimmten Feld zu zwingen, ist gescheitert, die von den Industrieländern entwickelten und beherrschten Marktmechanismen haben sich als wirksamere Waffe herausgestellt. Der schnelle Umlauf der Informationen und Kapitalien setzte die materielle Verfügung über Land und Ressourcen außer Kraft.

Fatema Mernissi spricht von einem »neuen Imperialismus«, der nicht mehr grob ökonomisch verfährt, sondern sich viel subtiler durchsetzt in der unmerklichen Anpassung an die von ihm gesetzten Normen. »Schluß mit den lieben alten nationalistischen Liedern, die den ›Feind rausgeworfen‹ haben. Der Feind steckt in unserem kleinen Taschenrechner. Er ist in unserem Kopf, er ist unsere Art zu zählen, zu konsumieren, zu kaufen, zu rechnen. Der multinationale Konzern zwingt uns, nach seinen Vorbildern zu diagnostizieren, zu prognostizieren, zu programmieren. Das Vokabular, das wir für unseren Staatshaushalt benutzen, ist sein Vokabular: Investition, Amortisierung, Schulden...«

Es ist die westliche, nach Expansion in die Zukunft strebende Zivilisation der Zeit, die sich mit diesen Begriffen einnistet. Sie hat die Herausforderung, die von den rohstoffproduzierenden Ländern ausgegangen war, mit der Gegenherausforderung durch die Beschleunigung der Zeit beantwortet, der sich niemand widersetzen kann, es sei denn durch Ausstieg aus dem Weltmarkt und selbstbestimmte Verelendung. Pierre Bonnefont, Mitglied der Akademie der Übersee-Wissenschaften, sieht die Hauptquelle der Unterentwicklung, besonders in Afrika, in der »Schwierigkeit, die Zeit zu verwalten«. »Der spezifisch afrikanische Begriff der Zeit erklärt zu großen Teilen die individuellen und kollektiven Verhaltensweisen der Afrikaner, die in einer Zeit denken und leben, in der die Gegenwart allmächtig, die Zukunft ungewiß und die Vorsorge gezwungenermaßen kurzfristig ist.«[2]

Aus der Sicht der arabisch-muslimischen Welt entstellt die vorwärtsdrängende, mit Zukunftsprojekten geladene Zeit der hochentwickelten Zivilisation die eigene Gegenwart: Daher das Leiden daran und die Versuchung, der schmerzenden Gegenwart zu entfliehen. Da die Zukunft besetzt ist, geht es zurück zu einer Vergangenheit, die, wie die Marokkanerin Mernissi schreibt, »uns einschläfert, in der wir beschützt waren, in der wir den Aufgang und den Untergang der Sonne beherrschten. Wir gleiten wie Seiltänzer auf dem straff gespannten Seil der falschen Zeit dahin. Der Zeit, die in die falsche Richtung weist, in die Richtung der Toten.«

Die muslimischen Araber, aus deren Mitte heraus Fatema Mernissi spricht, folgen damit einem Rezept, das viele Kulturen als Heilmittel gegen das Leiden an der Gegenwart verschreiben. Das Goldene Zeitalter, das Krisenzeiten heraufbeschwören, spendet aber nur begrenzten Trost. Denn die Toten erzählen nicht nur von den Zeiten der glanzvollen arabischen Expansion, sondern auch von ihrem Niedergang. Und zwar von einem Niedergang, der auf schmerzende Weise mit dem Aufstieg des christlichen Europa verbunden ist. Die arabischen Gelehrten des Mittelalters vermittelten den Europäern medizinische, mathematische und astronomische Kenntnis, die dem europäischen Wissensstand weit überlegen waren. Der Gebrauch der arabischen Ziffern zeugt immer noch von diesem prägenden Einfluß. Gelehrte wie Ibn Rushd, auch Averroes genannt, übermittelten dem christlichen Mittelalter das von der arabischen Klassik aufbewahrte Erbe der griechischen Philosophie. Sie wirkten aber nicht nur als Vermittler, sondern auch als Erneuerer des christlich-europäischen Denkens. Es wurde instandgesetzt, den Panzer der Dogmatik zu sprengen und sich Formen wissenschaftlicher Vernunft zu öffnen. Während die arabischen Gelehrten dazu beitrugen, das Christentum aus seiner geistigen Stagnation zu befreien, gelang es ihnen nicht, eine Renaissance des Islam einzuleiten. Bis heute beruht das islamische Denken, sagt der Pariser Islamologe Mohammed Arkoun, zu großen Teilen »auf einer mittelalterlichen Episteme«. Dem sich durch seine Krisen modernisierenden europäischen Bewußtsein steht laut Arkoun ein muslimisches Bewußtsein gegenüber, das, »aufgespalten in lokale tradierte Erinnerungen, entweder zu den Archaismen schriftloser Gesellschaften zurückkehrte oder sich in der scholastischen Reproduktion von Fragmenten der islamischen Wissenschaft verlor.«[3]

Die Vergangenheit, in die sich die von der kränkenden Gegenwart abgeschreckten Muslime flüchten, bietet einen prekären Schutz. Ihr Goldenes Zeitalter kann nicht erinnert werden, ohne daß seine demütigende Nachgeschichte ins Bewußtsein tritt. Bei zeitgenössischen Islamwissenschaftlern führt das Dilemma zu unbeantwortbaren Fragen: Warum ist der Islam an der Schwelle der Neuzeit steckengeblieben, statt mit dem Christentum um die säkulare Erneuerung zu konkurrieren? Welche Fatalität hat den Islam dazu bestimmt, einem stagnierenden mittelalterlichen Europa neues Leben einzuhauchen und dabei selbst die zu seiner eigenen Erneuerung notwendige Kraft zu verlieren? Wenn die muslimische Vergangenheit einschläfert, dann wiegt sie in einem todesähnlichen Schlaf. Die Zeit, sagt Fatema Mernissi, »zieht uns in den Tod.« »Die modernen Muslime, die sich von dem Charme einer undefinierbaren unterschwelligen Macht verführen lassen, sterben lieber, bevor sie überhaupt leben, und sei es nur für ein paar Jahrzehnte. Der Unterschied zwischen dem Abendland und uns liegt in der Art, wie wir Tod und Vergangenheit erleben... Indem wir ständig die Ahnen beschwören, erleben wir die Gegenwart als wenig erbauliches Zwischenspiel; bestenfalls als ärgerliche Störung.«[4]

Gerade weil die Gegenwart in den Augen der Muslime unsicher und bedrohlich ist, geraten sie beim Rückzug in die Vergangenheit in eine Falle. An der Gegenwart leidend, schütten sie die Vergangenheit, in der sie Heilung suchen, mit den Geschichten der Gegenwart zu. Dadurch werden sie unfähig, wie Fatema Mernissi sagt, die Texte der Vergangenheit zu entschlüsseln. Mit ihrer eigenen Arbeit versucht sie den Nachweis zu führen, daß es der rigorosen historischen Analyse der dem Propheten zugeschriebenen Texte bedarf, um innerhalb der muslimischen Welt den Freiraum zu erkämpfen, in dem ein Ausweg aus der erstarrten Tradition gedacht werden kann. Die dem Islam allgemein nachgesagte Verweigerung der Gleichbehandlung von Frauen und Männern hält der strengen Prüfung nicht stand, der Fatema Mernissi den Koran und die Hadithe unterzogen hat. Ein Islam, der zu seinen Quellen zurückkehrt, kann sich ihrer Auffassung nach mit demokratischen Rechten versöhnen, ohne sich als Religion aufzugeben. Um die Vergangenheit und ihre Texte genau zu lesen und zu entziffern, sagt die Autorin, darf man nicht in die Vergangenheit ausweichen, sondern muß fest in der Gegenwart verwurzelt sein. Eine in der muslimischen Welt, so wie ihre Lage in der Zeit beschrieben wird, schwer zu erfüllende Voraussetzung. Denn es liegt offensichtlich nicht am Islam allein, wenn die Gegenwart in den islamischen Ländern als ein unsicheres und bedrohliches Durchgangsstadium empfunden wird, wenn das zwischen Vergangenheit und Zukunft gespannte Seil dazu verleitet, es nach der falschen Richtung zu betreten und sich beim Trugbild einer beschützenden Vergangenheit auszuruhen.

Fatema Mernissi hat ihr Buch *Der politische Harem* geschrieben, bevor die Rushdie-Affäre Anfang 1989 die Aufmerksamkeit der Weltöffentlichkeit auf den Islam lenkte. Die Affäre ist weitgehend in Vergessenheit geraten, obgleich Salman Rushdie immer noch in dem polizeigeschützten Versteck leben muß, in das ihn der am 14. Februar 1989 ausgesprochene Mordbefehl des verstorbenen iranischen Revolutionsführers und selbsternannten Hüters der islamischen Orthodoxie vertrieben hat. Die Geschäfte mit der Islamischen Republik Iran gehen weiter, denn nach dem eingestellten, auf beiden Seiten waffenverschlingenden Golfkrieg steht die Beteiligung am Wiederaufbau des Landes auf dem Programm. Sie laufen nicht schlecht im Windschatten des moralisch befriedigenden Gefühls, daß sich Westeuropa und Nordamerika von der Terrordrohung Khomeinis und seiner Anhänger nicht haben einschüchtern lassen, daß Rushdies Recht auf freie Meinungsäußerung erfolgreich verteidigt worden ist, auch gegen die Angst vor der Gefährdung von Leib und Leben der Verleger, Buchhändler und ihrer Angestellten, die mit der praktischen Umsetzung des Rechts auf Meinungsfreiheit befaßt gewesen sind. Die Geschäfte wären allerdings auch ohne moralisches Kostüm über die Bühne gegangen, so wie sie in den Monaten vor dem Mordbefehl gegen den indisch-britischen Schriftsteller über die Bühne gegangen waren, als Khomeinis Regime schätzungsweise Tausende von iranischen Oppositionellen, darunter auch Künstler und Schriftsteller, hinrichten ließ. Umsomehr bleibt die Kompromißlosigkeit der Verleger hervorzuheben, die dem verfemten Autor Rushdie die Treue hielten, auch wenn sie dabei mitunter ihre Geschäftsbeziehungen zu einzelnen islamischen Ländern aufs Spiel setzten.

Dem entschiedenen Handeln in Sachen Veröffentlichung der *Satanischen Verse* entsprach eine ebenso entschiedene moralische Verurteilung Khomeinis und derer, die, in Europa oder in den islamischen Ländern, Rushdie als Gotteslästerer verdammten. Ein Versuch, die Affäre über den Aspekt der Freiheitsrechte hinaus kritisch zu überdenken, ist in der Bundesrepublik kaum unternommen worden. Wozu auch: Das Stück war zu Ende, man hatte mit dem Kauf der *Satanischen Verse* seine Eintrittskarte ordentlich erworben, hatte an den richtigen Stellen seine Empörung oder seinen Beifall zu erkennen gegeben, aber man war schließlich nur Zuschauer gewesen. In dem Konflikt zwischen dem Guten und dem Bösen war nur eine einzige Parteinahme möglich, alles andere hätte einen Mangel an Prinzipienfestigkeit verraten. Der Fanatismus des greisen Ayatollah und seiner demonstrierenden und bücherverbrennenden Nachbeter war etwas, dem man entschieden entgegentritt, kein Gegenstand einer intellektuellen Diskussion. Die Lektion der nationalsozialistischen Barbarei ist fest eingewurzelt und trägt ihre Früchte.

In Paris protestierten bekannte Künstler in einer Zeitungsanzeige dagegen, daß eine Schallplatte der Chansonsängerin Véronique Sanson, die in einem ihrer Lieder Allah erwähnte, aus dem Handel verschwand; sie verurteilten den Schritt als ein »kulturelles München«, womit sie andeuteten, daß der mit Mord drohende Khomeini Hitler ebenbürtig sei, vor dem die Regierungen Frankreichs und Englands 1938 in die Knie gegangen waren. In der Bundesrepublik lagen die Nazi-Metaphern erst recht abrufbereit auf der Zunge. Die pakistanischen Immigranten, die *Die satanischen Verse* vor den Fernsehkameras in Bradford verbrannten und damit die muslimische Empörung über Rushdie in Umlauf brachten, veranstalteten eine Reprise der Bücherverbrennung im Mai 1933, waren somit historisch klassifiziert und schieden als Gegenstand näherer Prüfung aus. Hans Magnus Enzensberger fand Khomeini in einem Punkt sogar schlimmer als Hitler, denn selbst der Diktator Nazideutschlands sei nicht auf die Idee gekommen, ein Gestapokommando nach Kalifornien zu schicken, um dort den gegen Hitler agitierenden Thomas Mann ermorden zu lassen. Enzensberger hatte allerdings vergessen, eine winzige Nuance hinzuzufügen: Die Nazis hatten Thomas Mann zuvor ausgebürgert und fühlten sich für ihn gewissermaßen nicht mehr zuständig, während sie nicht zögerten, abtrünnig gewordene Parteigenossen mit Killerkommandos zu verfolgen. Der muslimisch erzogene Salman Rushdie gilt für orthodoxe Vertreter des Islam, der so wenig wie das mittelalterliche Christentum einen Kirchenaustritt kennt, bis an sein Lebensende als Muslim und bleibt theoretisch den Regeln dieser Religion unterworfen. Auf diese Doktrin, die mit dem nachreformatorischen Begriff der Gewissensfreiheit in Europa absolut unvereinbar ist, gründete Khomeini seine angemaßte Zuständigkeit gegenüber dem muslimischen Freidenker Rushdie.

»Ich glaube, daß man es sich besonders in Deutschland nicht leisten kann, solche Dinge wie die Freiheit der Presse und Meinungsäußerung in Frage zu stellen. Wir können uns das nicht leisten, und wir wollen uns das auch nicht leisten. Also keine

Diskussion über Kulturrelativismus in diesem Zusammenhang«, erklärte Enzensberger gegenüber der TAZ[5]. Es geht nicht darum, aus sicherer zeitlicher Distanz ad hoc ausgesprochene Äußerungen auf die Goldwaage zu legen, sondern um die Denkweise, die solche schnellen Äußerungen strukturiert und als bundesdeutsch identifizierbar macht. Was auch immer geschieht, es erinnert zwanghaft an das schlimmste und weckt deshalb besonderen demokratischen Eifer. Weil die Deutschen besonders tief in die Barbarei verstrickt waren, fühlen sie sich verpflichtet, besonders weit in die demokratische Zivilisation hineinzuspringen, so weit, daß ihre Grenzen aus dem Blickfeld geraten. Der Pariser Orientalist Maxime Rodinson fühlte sich beim Anblick bücherverbrennender Muslime an die militanten Katholiken erinnert, die in Frankreich und den amerikanischen Südstaaten gegen Kinovorführungen von Martin Scorseses *Die letzte Versuchung Christi* vorgingen, den Deutschen fällt dazu nur Hitler ein. Zu fragen, was muslimische Pakistani und Inder so sehr gegen Rushdies Roman aufbrachte, daß sich ein Dutzend von ihnen bei Protesten von der Polizei erschießen ließen, und zwar bevor Khomeini seinen Bannspruch verkündete, wäre schon »Kulturrelativismus«, und den kann man sich in Deutschland nicht leisten.

Den Kulturrelativismus hat man hinter sich ebenso wie die Solidarisierung mit der Dritten Welt, deren einmal mit Applaus begleitete Aufstände in enttäuschenden Despotismen endeten. Jetzt ist auch noch der aufgeklärte, Sartre und Fanon lesende algerische Freiheitskämpfer durch den islamisch-fundamentalistischen Agitator abgelöst worden. Im Angesicht von soviel Desillusionierung kann es nicht mehr um »Differenzierungen« gehen, wie Enzensberger sagt, es geht nur noch ums Prinzip und dessen eindeutige Sprache: »Es steht nur fest, daß das Staatsoberhaupt und zugleich das islamische Oberhaupt einer islamischen Nation sich mit Morddrohungen gegen einen Schriftsteller hier im Westen gewendet hat. Und diese Tatsache ist ernst zu nehmen.«

Ist die Tatsache deshalb besonders ernstzunehmen, weil sich die Morddrohung gegen einen Schriftsteller »hier im Westen richtet«? Von Kennern der islamischen Szene kann man sich darüber unterrichten lassen, daß Morddrohungen gegen unorthodoxe islamische Denker und sogar deren öffentliche Hinrichtung in islamischen Ländern auch außerhalb des Iran keine

Seltenheit sind. 1969 mußte der pakistanische Islamwissenschaftler Fazlur Rahman fluchtartig seine Heimat verlassen, nachdem sich in Pakistan herumgesprochen hatte, daß ein von ihm in Großbritannien veröffentlichtes Buch über den Islam abweichende Ansichten enthielt. Wie zwanzig Jahre später im Iran wurden analphabetische Massen von Agitatoren aufgehetzt, die weniger die Reinheit der Religion als politische Ziele im Auge hatten. 1985 wurde im Sudan Mahmud M. Taha wegen »Häresie« hingerichtet, ein islamischer Denker, der damit begonnen hatte, jene ausgebliebene theologische Reformation einzuleiten, auf die kritische Islamwissenschaftler hoffen. Aber diese Hinrichtung ereignete sich, wie so viele andere Greueltaten, weit hinten im Orient.

Khomeinis barbarische Morddrohung gegen Salman Rushdie fällt insofern nicht aus einer traurigen Tradition heraus, als sie zu einer politischen Kampagne gehört und die religiöse Erregung aufgebrachter Gläubiger für ihre Zwecke einspannt. Neu an der Kampagne ist, daß sie die Grenzen der islamischen Welt überschritten und die demokratisch verfaßten westlichen Industrieländer mit herangezogen hat.

Mitten in London oder irgendwo auf dem Land sitzt der Verfemte in einer Art Geiselhaft, so als ragte Großbritannien in den Nahen Osten hinein. In dieser für das westliche Selbstbewußtsein empörenden Situation fiel Enzensberger ein, daß der Westen nicht so ohnmächtig dasteht, wie es im ersten Schrecken über die Teheraner Erpressung den Anschein hatte, weil er ein Faustpfand in der Hand hat, das er notfalls ausspielen kann, die Immigranten nämlich, die Enzensberger »unsere Mitbürger muslimischen Glaubens« nennt: »In der gegenwärtigen politischen Situation ist eine solche Handlung absolut selbstmörderisch für diese Minderheit. Alle wissen, unter welchem innenpolitischen Druck diese Leute heute schon stehen. Wenn die Sprecher ihrer Religionen Morddrohungen äußern, wird sich die politische Lage in der BRD erheblich zuspitzen. Das ist ein Gottesgeschenk für die Republikaner... Und wenn dem Rushdie auch nur ein Haar gekrümmt wird, dann wird es sehr teuer für den Islam.«

Das war strategisch nicht schlecht überlegt, ging allerdings von der irrigen Voraussetzung aus, daß sich die in der Bundesrepublik lebenden Muslime, hauptsächlich die Türken, von sich aus in ein solches Faustpfand verwandeln, indem sie sich an dem von Khomeini gesteuerten Machtspiel beteiligen. Enzensberger erkannte dem iranischen Imam stillschweigend die Rolle des von allen Muslimen anerkannten Religionsführers zu, die Khomeini usurpieren wollte. Die in der Bundesrepublik lebenden Türken, in ihrer großen Mehrheit Sunniten und keine Schiiten wie die Iraner, dazu aus einem Land stammend, das mit der Aufgabe des Kalifats durch die kemalistische Reform die Theokratie abgeschafft hat, rührten sich öffentlich nicht. Der im Oktober 1989 unter konspirativen Umständen begonnene Vertrieb der deutschen Übersetzung der *Satanischen Verse* verlief ungestört, die in der Bundesrepublik lebenden Muslime hatten sich ganz einfach der Strategie des Machtspiels entzogen, in das der inzwischen verstorbene Khomeini die halbe Welt hatte verstricken wollen.

Die sich aus der Nazi-Lektion nährende bundesdeutsche Prinzipienfestigkeit gegenüber den demokratischen Werten hat sich in der Rushdie-Affäre bewährt, aber sie hat auch versagt. Die gesellschaftliche Wirklichkeit der Bundesrepublik, zu der auch die muslimischen, aus einem laizistischen Staat stammenden türkischen Immigranten gehören, ist ihr aus dem Blick geraten, stattdessen hat sie sich einen ebenso prinzipienfesten, in sich geschlossenen Islam als Feindbild aufgebaut. Vor lauter Angst, im falschen Moment nachgiebig zu erscheinen, hat sie den Raum der Diskussionsfreiheit verengt, deren Prinzip sie der intoleranten Theokratie entgegenhielt. Im Vergleich mit der Bundesrepublik ist die britische Diskussion viel freier, weil kontroverser geführt worden, obwohl Großbritannien Schauplatz heftiger öffentlicher Proteste gegen Rushdie und seinen Verlag Penguin-Viking gewesen war. In unmittelbarer Nachbarschaft mit dem bedrohten Rushdie hat sich erstaunlicherweise viel weniger Korpsgeist gebildet, der die Affäre en bloc verhandelt.

»Ein Werbegag. Mit der Geschichte will ich nichts zu tun haben«, lautete die vielleicht extremste Auskunft eines Schriftstellerkollegen auf die Frage nach der Rushdie-Affäre.[6] Gegeben hat sie V. S. Naipaul, durch sein Buch *Islamische Reise* als kritischer Beobachter des modernen Islam und seiner fundamentalistischen Varianten ausgewiesen. Eine erstaunliche Verweigerung der Solidarität bei einem Autor, der wie Rushdie einem indischen Hintergrund entstammt, einem hinduistischen allerdings, der auf die Antilleninsel Trinidad verpflanzt worden war. Konkurrenzneid eines Schriftstellers, der sich verkannt fühlt, oder taktische Vorsicht, um künftige muslimische Gesprächspartner nicht zu verärgern? Doch auch Stellungnahmen anderer britischer Autoren behandeln Salman Rushdie nicht nur mit bewunderndem Zartgefühl. John Berger beklagte die »Heiligsprechung« des Romans in der westlichen Welt, hob hervor, daß in Europa die Kunst den Platz der Religion eingenommen hat, gleichzeitig aber auch eine Ware ist und im Fall Rushdie mit 850 000 Pfund Vorschuß nicht schlecht entlohnt wurde, und erinnerte an die Toten, die bei Demonstrationen gegen den Roman auf den Straßen Bombays geblieben waren.[7] Michael Ignatieff pflichtete Berger insofern bei, als er den Heiligenschein von der Freiheit herunterzog und sie ein »Konzept« nannte, über das sich streiten läßt. »Im Grunde genommen stehen sich in der Diskussion nicht mittelalterlicher Fanatismus und westliche Aufklärung gegenüber, sondern unvereinbare Überzeugungen von der Bedeutung der Freiheit: Für die einen zieht das ›Sakrale‹ der Freiheit Grenzen; für die anderen tut es das nicht.«[8]

Nach Ansicht des Pariser Islamologen Gilles Kepel gäbe Khomeinis grausiges Spektakel keinen Sinn, wäre es nur Rushdies und seines Romans wegen veranstaltet worden: »Hauptangriffsziel der Rushdie-Affäre – abgesehen davon, daß der Iran dabei versucht hat, die Führung im Islam zurückzugewinnen – sind die säkularisierten Intellektuellen islamischer Herkunft, die in Europa sitzen, vermittelt über einen Fall wie Rushdie. Der war besonders geschickt ausgewählt, weil er innerhalb des muslimischen Kontextes praktisch nicht zu verteidigen ist. Er greift das Geheiligte auf einer solchen Ebene an, daß diejenigen, die versucht sind, ihn insgeheim zu verteidigen, und dabei kulturell mit diesem Geheiligten verbunden sind, kaum wagen werden, es öffentlich zu tun.«[9]

Dennoch haben es eine Reihe in Europa und Nordamerika, aber auch in islamischen Ländern lebender Intellektueller gewagt. Aber nicht alle haben zusammen mit Rushdies Recht auf Entfernung von der islamischen Gemeinschaft Salman Rushdie als Wegbereiter einer islamischen Aufklärung verteidigt. Der aus Marokko stammende, nach Aufenthalten in Pakistan und der Bundesrepublik in den USA lehrende Islamologe Khalid Duran fragt sich, ob man nach einer künftigen Renaissance des Islam die ganze Aufregung um ein Buch wie *Die satanischen Verse* überhaupt noch verstehen wird: »Einen besonderen Denkanstoß in islamischer Hinsicht liefert das Buch schließlich nicht, und eine besonders erbauliche Lektüre ist es auch nicht. Es steckt voller dilettantischer Bosheiten eines indo-pakistanischen Intellektuellen, der Mühe hat, sich vom islamischen Erbe zu emanzipieren – und schließlich beiden Zwang antut, dem Islam und sich selbst.«[10]

Ob die Lektüre der *Satanischen Verse* erbaulich ist oder nicht, bleibt Geschmacksache; der indische Schriftsteller Vishnu Khare hat in der Debatte die Auffassung vertreten, daß viele von Rushdies Anspielungen, Wortspielen und Insiderwitzen nur für indische Leser verständlich sind und westliche Leser, wenn sie ehrlich wären, entsetzlich langweilen müßten. Die durch die Affäre ins Bewußtsein gerückte Frage ist aber nicht ästhetischer, sondern politischer und kultureller Art: Ist eine islamische Aufklärung möglich? Unter welchen Bedingungen? Daß Khomeinis Nachfolger und Parteigänger in zahlreichen Ländern sie verhindern wollen, ist offensichtlich; warum aber finden sie dafür bei Gruppen Unterstützung, die nicht aus folgsamen Traditionalisten bestehen, sondern sich aus der modern ausgebildeten, technischen Intelligenz der islamischen Länder rekrutieren? Gilles Kepel weist darauf hin, daß der islamische Fundamentalismus nicht den grauen Bärten alter Mullahs entsprungen ist, sondern eine junge Bewegung darstellt: »Er vermischt aus der Tradition stammende Elemente mit einer Weise, sie zu denken, zu interpretieren und zu benützen, die aus der von den Anhängern erhaltenen modernen Bildung stammen.«

Auf die von sich aus aufklärende Kraft modernen technischen Denkens läßt sich demnach nicht bauen, wenn die Säkularisierung des Islam in Gang kommen soll. Rushdie macht es sich ein wenig leicht, wenn er es lediglich »bedauerlich« findet, »daß gerade der Islam sich so vehement gegen die Vorstellung wehrt, daß er, wie jedes Gedankengebäude, ein Vorgang innerhalb eines geschichtlichen Prozesses ist.«[11] Denn er setzt damit voraus, daß es im Belieben religiös bestimmter Kulturen steht, die notwendige geistige Souveränität aufzubringen, die eigene Tradition aus historischer Distanz zu betrachten. Man muß fest in der Gegenwart verwurzelt sein, schreibt Fatema Mernissi, um genau in der Vergangenheit zu lesen – und eventuell die Scherze zu genießen, die ein Schriftsteller mit dieser Vergangenheit treibt, so wie Rushdie es mit Mohammeds Religionsstiftung getan hat. Wem die Vergangenheit allerdings eine Zuflucht bedeutet, in die er sich zurückzieht, wenn die Gegenwart ihm über den Kopf wächst, der wird das literarisch in Mekka angerichtete Durcheinander wahrscheinlich nicht so entspannt goutieren können. Wenn es bei Rushdie einen Irrtum gibt, dann diesen: Daß er bei seinen muslimischen Lesern eine Souveränität vorausgesetzt hat, wie er sie von aufgeklärten Europäern kennt, die aber in der angespannten Situation, in der sich viele islamische Länder befinden, nichts Selbstverständliches sein kann. Es ist einfach, gemeinsam mit Rushdie die Missetaten jedweder Rechtgläubigkeit zu verurteilen; schwieriger wird es, die wachsende Attraktivität der Rechtgläubigkeit in der Gegenwart zu erklären, wie sie sich in der Re-Islamisierung in den laizistisch verfaßten Ländern Algerien und Türkei zeigt. Schon bei dem Gedanken an Fanatismus wenden sich die Bundesdeutschen mit Grausen ab und überlassen die Erklärung den Religionspsychologen.

Vielleicht ist in einem Land wie Großbritannien die Versuchung, sich mit der Rolle des moralisierenden Zuschauers zu begnügen, weniger groß, weil es dort das Bewußtsein einer noch weiterwirkenden Kolonialgeschichte gibt, das den Zusammenhang zwischen der eigenen Aktion und den Prozessen in anderen Weltgegenden nicht einfach zerreißen kann. Die bücherverbrennenden Pakistani von Bradford gelten nicht einfach als fanatisierte Exoten, sondern auch als Produkte der eigenen Kolonialvergangenheit und der eigenen Diskriminierung. Daher die Bereitschaft, in der Rushdie-Affäre von der Prinzipienebene herunterzusteigen, nachdem das Recht auf Meinungsfreiheit durchgesetzt war, trotz der weiterbestehenden Teheraner Morddrohung nach Möglichkeiten der Vermittlung zu suchen, den islamischen Fundamentalismus nicht stur mit einem demokratischen Integrismus zu beantworten.

In der Bundesrepublik dagegen herrscht das Bewußtsein glückseliger Unschuld vor. Eine Verwicklung in die undurchsichtigen orientalischen Kabalen gibt es nicht. Die Dritte Welt erkennt die bundesdeutsche Zurückhaltung dankbar an. Was getan wird, ist nur das Gute, man zahlt Entwicklungshilfe, finanziert die Weltbank mit, nimmt Flüchtlinge auf und streut die Ermahnung aus, trotz gelegentlich auftretender Schwierigkeiten immer auf die Einhaltung der Menschenrechte zu achten.

Offenbar ist das Bewußtsein immer noch sosehr der Tradition territorialen Denkens verhaftet, daß ihm die Dimension der Zeit verschlossen bleibt, in der sich die Macht der herrschenden industriellen und postindustriellen Zivilisation entfaltet. So kann es keinen Zusammenhang zwischen dem Konkurrenzkampf um die führende Position in der Weltzeit und der fortschreitenden Entmachtung der aus der Zeitkonkurrenz ausgeschlossenen Weltteile erkennen. Für die Bundesrepublik ist es von Vorteil, daß die Weltzeit amerikanisch tickt und daß Europa, hinter dessen Zäunen sie sich bescheiden zusammenduckt, vollauf damit beschäftigt ist, seine Benachteiligung gegenüber den Konkurrenten USA und Japan zu beklagen. Eine der Hauptaktivitäten europäischer Kultur besteht heute darin, Europa in der Rolle des bedrängten Opfers auf die Bühne zu stellen, das sich gegen den Drachen des amerikanischen Sprach- und Kulturimperialismus zur Wehr setzen muß. Das anrührende Schauspiel wird gern gesehen, weil es die verschiedenen Opfer imperialistischer Herrschaft auf eine Stufe stellt. Dort lassen sich dann wirkungsvoll Nord-Süd-Dialoge führen, bei denen die Bundesrepublik im Zivil der Nicht-Macht auftritt, sich als gleichsam immaterielle Basis der Menschenrechte und der demokratischen Werte darstellt.

Es ist eine grausige Komödie. Die Bundesrepublik ist eine der treibenden Kräfte des »Imperialismus der Zeit«, von dem Fatema Mernissi spricht, ein von der Sucht nach dem Werden aufgeladener Energieträger, der vom Pol der Zukunft angezogen wird und dazu beiträgt, die Gegenwart der aus der Zeitkonkurrenz verdrängten Regionen fortschreitend zu entwerten. Innerhalb von zehn Jahren, hat ein Bericht der UNO 1989 festgestellt, haben die afrikanischen Exporte nach Abzug des nigerianischen Öls zwei Drittel ihres Werts verloren. Das heißt, aus der darin enthaltenen Arbeit ist ohne jedes Zutun oder Unterlassen der Produzenten fortlaufend Wert ausgeflossen, nicht durch unmittelbare Auspressung wie im Kolonialzeitalter, sondern weil die zunehmend beschleunigte Entwicklungsgeschwindigkeit der fernen industriellen Schrittmacher über die Verbindungsstränge des Weltmarkts den in der Arbeit aufgehobenen Faktor Zeit aussaugt. Auf diese Weise sorgt die hochentwickelte Welt selbst dafür, daß der Effekt der von ihr geleisteten Entwicklungshilfe unter dem Einfluß ihres eigenen Schrittmachertempos schneller dahinschmilzt, als sich die entstehenden Lücken durch weitere Unterstützung auffüllen lassen.

Mit dem Verschwinden des sekundären Markts und seiner Binnenzeit, den die sowjetisch beherrschte Sphäre gebildet hat, wird offenkundig, daß die vom nunmehr einzigen Weltmarkt erfaßten Länder der Dritten Welt in eine Sackgasse geraten sind. Solange im Hintergrund noch als schwache Alternative die Staatswirtschaft drohte, konnte die in jedem westlichen Export enthaltene Botschaft: ›Macht es wie wir, dann geht es aufwärts‹ noch als reines Werbeargument gelten, das zum Wettbewerb gehört. Jetzt ist die Botschaft zum Köder geworden, der ohne Umweg in die Falle lockt. Sie ruft die schöne Vorstellung wach, die westlichen Erfolgsmethoden seien Rezepte, die sich überall anwenden ließen, wo der Wille besteht, der Misere der Unterentwicklung zu entkommen. Die Universalität der marktwirtschaftlichen Methoden besteht aber gerade nicht in ihrer universellen Anwendbarkeit. Der kapitalistische Weltmarkt funktioniert deshalb so eindrucksvoll, weil er ununterbrochen expandiert oder, um mit dem Marx der *Grundrisse* zu sprechen, immer mehr Raum durch seine Zeit vernichtet. Im Raum seiner Expansion ist aber kein Platz für eine eigenständige Anwendung der marktwirtschaftlichen Methoden. Ihre Verführungskraft zieht die Dritte Welt in den Weltmarkt hinein, der dann aber nur hintere Plätze anzuweisen hat. Auf der Zeitachse der Expansion gilt nur eine einzige Rangordnung. Das Konzept der Entwicklung, das dem armen Teil der Welt vorgaukelt, es sei für alle ein Platz reserviert an der Sonne der entwickelten Zukunft, ist ein Widersinn. Denn eben das Gesetz der Entwicklung, das die miteinander konkurrierenden Metropolen, darunter an vorderem Platz die Bundesrepublik, zu immer höheren Leistungen und zu schnellerem Tempo antreibt, sorgt dafür, daß sich der Rückstand der anderen stetig vergrößert, und die ungleichen Chancen festgeschrieben werden.

Das Auftreten des islamischen Fundamentalismus, der auf moderne Weise archaisch und auf archaische Weise modern verfährt, ist vielleicht ein Symptom dafür, daß die Theorie der Entwicklung durch Entwicklung an Überzeugungskraft einbüßt. Aus seiner schrillen Sprache läßt sich mit etwas Geduld der Anspruch auf eine eigene Zeit heraushören, die sich nicht auf der unilinearen Achse der zukunftsgerichteten Weltzeit bewegt. Mit dem Fall Rushdie ist dem Fundamentalismus unter diesem Gesichtspunkt eine grausig faszinierende Demonstration gelungen: Er hat die westliche Metropole gezwungen, mitten in ihrer Zone eine Enklave freizulassen, in der Salman Rushdie sitzt wie in der Blase einer anderen Zeit, über die der Westen nur beschränkt Macht besitzt. Diese Kränkung hat wahrscheinlich mehr empört als die grausame Behandlung des Individuums Salman Rushdie.

Das Auftreten des Islam in der beunruhigenden Gestalt einer religiös begründeten politischen Herausforderung kommt Europa aber nicht ungelegen. Er versieht mit einem furchteinflößenden, aber identifizierbaren Namen, was sich in afrikanischen und asiatischen Regionen undeutlich Gehör zu schaffen versucht. Je mehr Islamisches, desto besser, weil sich zu einer Abwehr dann ein Gespenst aufrüsten läßt, das dem ökonomisch verschweißten Europa spirituelles Leben einhauchen soll, das christlich europäische Erbe.

In der Bundesrepublik beschäftigt man sich unterdessen mit der »Multikultur«. Schon die Tatsache, daß es häßliche Leute gibt, die dagegen sind, zeigt, daß das eine schöne Sache ist. Es werden auch schon Managerpersönlichkeiten verlangt, die »multikulturell orientiert« sind. Sie sollen beim Teezeremoniell in Osaka ebensowenig unangenehm auffallen wie beim Trinkspruch in Moskau. Multikultur ist wesentlich eine Sache des Essens und Trinkens, Singens und Tanzens. Exotische Gerüche, fremde Klänge und bunte Farben beleben die bundesdeutschen Innenstädte. Das Rezept wird besonders der grauen DDR empfohlen. Voraussetzung für die freundliche Aufnahme der Multikultur ist, daß sie sich nicht nur im Rahmen der geltenden Gesetze bewegt, sondern auch die geltende Zeitordnung respektiert. Sie heißt eben Multikultur und nicht Multizeit. Denn es ist schon ein Privileg, im Kopf der rasenden Maschine sitzen zu dürfen, die den Takt der Weltzeit mitbestimmt. Wem es nicht paßt, sich dem einheitlichen Tempo zu unterwerfen, der kann aussteigen und sich eine andere Gegenwart suchen.

Einen Anti-Prometheus hat der italienische Psychoanalytiker Elvio Fachinelli einmal gegen die unilinear vorwärtsstürmende Zeit aufstehen sehen: »Die Zeit des abgeschossenen Pfeils erweist sich als unterbrochen und fehlgeleitet durch vielleicht immer zahlreichere Versuche, die archaische Zeit wieder einzuführen. Unter diesem Gesichtspunkt, dem eine lange Periode sicher ist, könnte eine Überprüfung der zeitgenössischen geschichtlichen Bewegung uns beachtliche Überraschungen bereiten. Wir könnten z. B. entdecken, daß ausgesprochen revolutionäre, auf die Zukunft hin geöffnete Bewegungen im Hinblick auf die Zeit keine eindeutige Position einnehmen oder, besser gesagt, *vielzeitig* sind.«[12]

Eine typische Idee der siebziger Jahre. Die Späße mit revolutionären Bewegungen sind vorbei. Fachinellis Anti-Prometheus ist entweder tot oder sieht wie ein iranischer Mullah aus. In der *einen* Welt gibt es nur *eine* Zukunft, und die duldet keine archaischen Nebenbuhler. Der Traum von der Vielzeitigkeit ist einer der vielen utopischen Scherze, für die wir keine Zeit mehr haben.

»Die Deutschen brauchen lang, bis sie sich entscheiden – wenn sie es aber tun, dann brutal und ohne Rücksicht«, schrieb *Le Monde* Mitte der achtziger Jahre als Kommentar zu einem Diskontsatzbeschluß der Bundesbank. Der Satz konnte als technische Bemerkung verstanden werden, niedergeschrieben von einem Experten in Sachen Psychologie des Zinses, ein wenig gewürzt vielleicht mit gallischer Spitzzüngigkeit. Seit dem Herbst 1989 ist offenbar geworden, daß *Le Monde* hinter die Maske der Deutschen geblickt und etwas entdeckt hat, was ihnen selbst, die sich gewöhnlich für bedächtig und umsichtig halten, verborgen geblieben war.

Die Frage, was aus dem Hunger nach Raum geworden ist, der sie fünfzig Jahre früher über die Grenzen trieb und soviel Territorien verschlingen ließ, bis sie daran erstickten, ist seit der Öffnung der Berliner Mauer leicht zu beantworten: In Gier nach Zeit hat er sich verwandelt, eine durch jede neue Dosis angestachelte temporale Gefräßigkeit, die von dem Hunger nach Raum die Angewohnheit übernommen hat, einen Teil der Welt in ihren Sog hineinzuziehen, diesmal allerdings auf eine friedliche, zivilisierte, unwiderstehliche Weise. Ein Blick auf die Chronologie der Ereignisse nach der gewaltlosen Vertreibung der SED-Herrschaft durch die demonstrierenden Bürger der DDR und der Grenzöffnung am 9. November 1989 vermittelt einen Eindruck von der Gewalt der Zeitbeschleunigung, die im Prozeß der deutschen Vereinigung freigesetzt worden ist.

»Dies ist der Tag des Wiedersehens, nicht der Wiedervereinigung«, sagt der westberliner Regierende Bürgermeister Walter Momper am 10. 11. 1989.

Von »Selbstbestimmung der Deutschen«, nicht von Wiedervereinigung spricht Kanzler Kohl am 22. 11. bei einem Treffen mit dem französischen Staatspräsidenten François Mitterrand in Straßburg.

24. 11. »Je schneller das Tempo, desto umsichtiger muß man vorgehen«, sagt der amerikanische Präsident George Bush.

27. 11. François Mitterrand läßt bei einem Hintergrundge-

spräch mit dem *Quotidien de Paris* durchblicken, daß die deutsche Vereinigung den Sturz Michail Gorbatschows und die Ausrufung einer Militärdiktatur in der Sowjetunion provozieren könnte. Der italienische Premierminister Giulio Andreotti wünscht sich »zwei Deutschlands«.

29. 11. Helmut Kohl legt in Bonn einen Zehn-Punkte-Plan zur Bildung einer deutsch-deutschen Konföderation vor, ohne vorherige Absprache mit den Verbündeten der Bundesrepublik. Verärgerung in Paris und in Moskau.

7. 12. Der sowjetische Außenminister Eduard Schewardnadse warnt vor der »künstlichen Beschleunigung der Ereignisse«.

14. 12. Der französische Außenminister Roland Dumas warnt vor »Übereilung in der deutschen Frage«. Befürwortet die Selbstbestimmung, »aber unter der Voraussetzung, daß die Nachbarn sie akzeptieren«.

18. 12. Laut Umfrage sprechen sich 71% der Bürger der DDR gegen eine Vereinigung aus.

23. 12. Für die britische Premierministerin Margaret Thatcher ist die »russische Frage wichtiger als die deutsche«.

27. 12. Laut FAZ spricht sich die Mehrheit der DDR-Bürger für die Vereinigung aus.

15. 1. 1990. Die Sozialdemokraten der DDR benennen sich von SDP in SPD um und bekennen sich zur Einheit.

19. 1. CDU-CSU, FDP und SPD bekennen sich im Bundestag zur Einheit. Margaret Thatcher hält es für »verfrüht, über die Aufnahme der DDR in die EG zu sprechen«.

30. 1. Die Volkskammer der DDR zieht die für 6. Mai angesetzten Wahlen auf den 18. März vor. Friedrich Karl Fromme kommentiert in der FAZ: »Knappe Zeit ist Zeitgewinn.«

2. 2. Der DDR-Ministerpräsident Hans Modrow legt nach einem Besuch in Moskau in der Volkskammer einen Vereinigungsplan vor, der die Überschrift »Deutschland einig Vaterland« trägt. In seiner Regierungserklärung im November hatte Modrow erklärt: »Die deutsche Frage steht nicht auf der Tagesordnung.«

6. 2. Die DDR-Wirtschaftsministerin Christa Luft warnt vor einer Währungsunion zwischen BRD und DDR.

7. 2. Außenminister Roland Dumas erklärt bei einem Treffen mit seinem amerikanischen Amtskollegen James Baker: »Frankreich akzeptiert seit langem die deutsche Einheit.«

8. 2. Margaret Thatcher will die deutsche Vereinigung erst »nach einer längeren Übergangsperiode« akzeptieren.

15. 2. Die FAZ meldet aus Paris, daß man sich dort »von den Ereignissen, von Kohl und Gorbatschow, überrumpelt« fühlt.

21. 2. Außenministertreffen der EG in Dublin. Die EG stellt sich darauf ein, daß die DDR im Lauf des Jahres 1990 Gemeinschaftsmitglied wird.

18. 3. Der Wahlausgang in der DDR bedeutet das Votum für die Vereinigung mit der Bundesrepublik, die vorausgehende Währungsunion und damit den Beitritt zur EG.

30. 3. *Le Monde* meldet, daß Helmut Kohl das Tempo der deutschen Vereinigung auf Europa übertragen und die »Bildung des politischen Europa beschleunigen« will.

Bundespräsident Richard von Weizsäcker hatte den Zeitgeist noch nicht richtig erfaßt, als er nach der Maueröffnung davon sprach, die beiden deutschen Staaten sollten »zusammenwachsen, aber nicht zusammenwuchern«, und als er den Wunsch äußerte, es möge die Ruhe für ein langes abendliches Gespräch erhalten bleiben, wie es noch in der DDR gepflegt werde. Aber diesen Irrtum teilte er mit zahlreichen Zeitgenossen, vor allem den Initiatoren der Oppositionsbewegung der DDR, die, wie Friedrich Schorlemmer oder Sebastian Pflugbeil, noch ganz traditionellen politischen Vorstellungen verhaftet, unablässig Zeit für die Demokratisierung ihres Landes verlangten. Das aber ist ein Gut, von dem die Bundesrepublik nichts abzugeben hat, weil sie davon lebt, ihr Kapital aus der fortschreitenden Verknappung der Zeit zu schlagen.

Aus der Distanz betrachtet, stellt sich der deutsche Vereinigungsprozeß als eine äußerst originelle Operation dar, bei der die ökonomische Verzeitlichung in die Politik transplantiert worden ist. Auf diesen gelungenen Überraschungscoup war aber niemand vorbereitet, was auch seinen Erfolg erklärt: So als hätte überall das Immunsystem versagt, streckten Bush und Gorbatschow, Mitterrand und Margaret Thatcher vor der deutschen Beschleunigung die Waffen. Prozeduren, die sonst viele Jahre dauern, zum Beispiel die Aufnahme eines neuen Mitglieds in die Europäische Gemeinschaft, war im Fall der DDR in wenigen Monaten über die Bühne gebracht. Die Bevölkerungen der EG-Mitgliedstaaten, die künftig für Strukturverbesserungen in der DDR-Region mitbezahlen müssen, darunter Portugal und Griechenland, denen schon die realsozialistische DDR an Wirtschaftskraft weit überlegen war, sind nicht gefragt worden. Wo Geschwindigkeit das Tempo angibt, muß zeitraubende Demokratie zurücktreten.

Geschwindigkeit ist bekanntlich keine Hexerei, aber politische Geschwindigkeit kann die Leute verhexen, wie der merkwürdige Stupor zeigt, in den die Regierungen der Siegermächte von 1945 und der europäischen Nachbarländer angesichts des deutschen Vereinigungstempos fielen. Gerade noch um mahnende Worte nicht verlegen, die Augenmaß und Behutsamkeit empfahlen, verstummten die Staatsmänner. Die sowjetischen Marschälle machten keinerlei Anstalten, sich aus den Kasernen zu rühren. Von einer besorgten Fernsehmoderatorin gefragt, was denn für Frankreich und Europa von dem dichtbevölkerten Industriekoloß zu erwarten sei, der nebenan heranwächst, fiel François Mitterrand nur ein Satz Napoleons I. ein: »Jedes Land macht die Politik seiner Geographie«, womit er zu erkennen gab, daß er vor der Politik der Zeit, die von den Deutschen virtuos in Szene gesetzt wurde, lieber die Augen verschloß und sich in die Epoche zurückzog, in der die gute alte Geopolitik noch etwas gegolten hat. Aber damit war der französische Präsident beim falschen Spiel. Es wurde nur noch um Zeit gefahren, von einer Konferenz über die Vereinigung zur nächsten, vom Vorziehen des einen Termins zum Vorziehen des anderen. Gegen die Faszination der Beschleunigung ist kein Kraut gewachsen: Die deutsche Vereinigung gleicht dem Start einer Verkehrsmaschine, bei dem die Passagiere zuerst ihre unangenehm eigene Trägheit spüren, sich dann aber dem wachsenden Tempo unterwerfen, bis sie selbst dem erlösenden Aufstieg entgegenfiebern.

Den anderen Europäern, die sich verdutzt die Augen rieben, nachdem sie eben noch gerührt dem Wiedersehen der Westdeutschen und der Ostdeutschen zugesehen hatten, versprach die Bonner Regierung zu ihrer Beruhigung, ein Stück vom deutschen Tempo abzugeben. Nachdem man selbst in Schwung gekommen war, sollte der Schwung an Europa übertragen werden. Nicht an ganz Europa, dazu reicht der Schwung nicht aus, sondern an seinen Westen. Warum soll zwischen den zwölf Ländern der EG nicht klappen, was mit den beiden deutschen Staaten funktioniert, die Einigung kraft gesteigerter Geschwindigkeit? »Kohl will die Bildung des politischen Europa beschleunigen«, dieser Satz wirkte wie ein Zauberwort, das den Bann löste, die Phantasmen eines »Vierten Reiches« verscheuchte, die Furcht vor einem deutschen Alleingang zerstreute und die Bereitschaft der Deutschen signalisierte, ihre größte Errungenschaft, die Beherrschung der Zeit, gewissermaßen westeuropäisch zu vergesellschaften. Ob die Gesellschaften der westeuropäischen Länder allesamt damit einverstanden sind, in beschleunigten Rhythmen politisch vereinigt zu werden, ist nicht bekannt, aber auch nicht wichtig, da die Beschleunigung allein sich als schlagendes Argument bewährt. Je knapper die Zeit, desto luxuriöser, teurer und unproduktiver werden langwierige Debatten über Für und Wider, Sinn und Zweck. Mit der Entdeckung der politischen Geschwindigkeit hat sich die quälende Sinnfrage erledigt.

An dem Verlauf der gesellschaftlichen Unruhe, die in der DDR das SED-Regime kapitulieren ließ und mit der Maueröffnung das Ende des Staats DDR einleitete, läßt sich ablesen, wie das Argument der Zeit allmählich ins Bewußtsein der DDR-Bürger gedrungen ist, sich dort ausgebreitet und andere Inhalte beiseitegeschoben hat. Über die Unmündigkeit, in der sie gehalten waren, beklagten sich die jungen DDR-Bürger, die im Sommer und Herbst 1989 über die Tschechoslowakei und Ungarn ihr Land verließen und damit überhaupt erst den massenhaften Druck erzeugten, der zu der Erhebung vom Oktober führte. Die Rede von der Unmündigkeit übersetzte ein Verlangen, das dem Horizont von Aufklärung und bürgerlicher Emanzipation entstammt. Die Demonstranten von Leipzig und anderen Städten schienen die Botschaft der Geflüchteten verstanden zu haben, als sie dem Staatsapparat der DDR ihr bürgerliches Selbstbewußtsein als ihre einzige Waffe entgegenhielten und ihn damit zum Rückzug zwangen. »Liebe mündig gewordene Mitbürger«, mit diesen Worten konnte Christoph Hein dann seine Rede vor den Berliner Demonstranten auf dem Alexanderplatz beginnen, fünf Tage vor der überraschenden Öffnung der Mauer.

Damit setzte eine neue Phase der rasanten Veränderung ein. In den gesellschaftlichen Prozeß der Befreiung schob sich ein gleichsam physikalischer, der Druckausgleich zwischen zwei ganz unterschiedlichen Zeitzonen. Die Mauer hatte nicht nur eine Bevölkerung von der Außenwelt abgeschnitten, sondern auch eine Zone schwacher, im Überfluß vorhandener Zeit geschützt. Wie wenn in einem hermetisch verschlossenen Flugzeug eine Scheibe platzt, und seine Innenatmosphäre nach außen entweicht, angezogen von dem Niederdruck der Umgebungsluft, strömte die starke westliche Zeit durch die Maueröffnungen nach Osten und veränderte allmählich das Bewußtsein von den Verlusten, die die Bewohner der DDR erlitten hatten. Die Rede von der »Entmündigung« durch den paternalistischen SED-Staat räumte allmählich den Platz zugunsten der Klage, um »vierzig Jahre bestohlen« worden zu sein. Selbst Zwanzigjährige hatten auf einmal vierzig Jahre ihrer Lebenszeit verloren: Symptom der Turbulenzen, die der Einbruch der komprimierten westlichen Zeit in die Zone geringerer Dichte hervorgerufen hat. In dem Maß, in dem sich in der DDR Zeit in ein knappes Gut verwandelte, verlor die Eroberung der »Mündigkeit« an Faszination; nach der Wahl vom 18. März 1990, die mit der Wahl der D-Mark das Votum für die starke Zeit der Bundesrepublik bestätigte, verloren die Runden Tische sogleich ihren emanzipatorischen Glanz, wurden zum DDR-Relikt wie die Braunkohleindustrien, die nach Einzug der nach Investitionsfristen abgemessenen bundesdeutschen Zeit beschleunigt verrotteten und allenfalls noch als Lokal für westliche Warenlager zu taugen scheinen.

Jürgen Habermas spricht im Blick auf die Umwälzung in Osteuropa von »nachholender Revolution«: Sie gibt sich, heißt es zur Erläuterung, »als eine gewissermaßen rückspulende Revolution zu erkennen, die den Weg freimacht, um versäumte Entwicklungen *nachzuholen*«[1], das heißt Einführung des demokratischen Rechtsstaates und Aufnahme in den kapitalistischen Weltmarkt. Der nachholende Charakter erklärt für Habermas, warum diese Revolutionen durch den »fast vollständigen Mangel an innovativen, zukunftsweisenden Ideen« auffallen, sich folglich als Revolutionen selbst aufheben, wenn der Maßstab des herkömmlichen Revolutionsbegriffs an sie angelegt wird.

Die Französische Revolution schuf sogleich eine neue Einteilung von Raum und Zeit und versah sowohl die Monate als auch die Regionen mit neuen Benennungen; eine der ersten Taten der Pariser Julirevolutionäre war, die Turmuhren zu beschießen, damit die laufende Zeit zum Stillstand käme und Raum gäbe für eine neue. Die »nachholenden Revolutionen« von 1989 dagegen sorgen dafür, daß die Uhren möglichst schnell und genau auf die vorhandene Weltzeit eingestellt werden, was ja auch nur folgerichtig ist, denn sie hatten niemandem den

Aufbruch in unbekannte Zeiten versprochen, sondern, hinter der Parole »Rückkehr nach Europa«, die Übernahme des westeuropäischen Entwicklungsmodells in Aussicht gestellt.

Im Fall der DDR gewinnt das Nachholen noch eine andere Dimension hinzu, die sich im schnellen Übergang von der gesellschaftlichen Erhebung zur Vereinigung mit der Bundesrepublik aufgeschlossen hat. Während die DDR-Deutschen darauf drängten, zu der von der Bundesrepublik repräsentierten westlichen Gegenwart aufzurücken, entdeckten die Bundesdeutschen in der ihnen plötzlich zugänglich gewordenen DDR ein Terrain, auf dem sich ein Stück versäumter Kolonialgeschichte nachholen läßt, ohne daß sie dafür den hohen Preis bezahlen müssen, den die Kolonialmächte Frankreich und Großbritannien für ihre Kolonialgefühle zu entrichten hatten. Die Deutschen hatten zwar letzten Endes davon profitiert, daß ihre eigene Kolonialgeschichte so kurz gewesen und so glanzlos verlaufen war, aber ganz spurlos war die Unterdrückung des Kolonisierungstriebs nicht an ihnen vorübergegangen. Es ist anstrengend, immer nur im geregelten Konkurrenzkampf mit Gleichrangigen die Kräfte zu messen und dabei höflich zu bleiben. Da kann sich schon die Sehnsucht rühren, sich einmal gehen zu lassen und trotzdem als stark und überlegen anerkannt zu werden. Die Öffnung der Grenzen gab den Bundesdeutschen den Weg in eine Märchenkolonie frei, die nicht erst aufwendig erobert werden mußte und deren Bevölkerung statt feindseliger Abwehr demütige Lernbereitschaft erkennen ließ.

Entsprach die haushohe Plastikbanane, die im März 1990 neben dem Leipziger Buchmessenhaus die Blicke auf sich zog, nicht den Kreuzen, Fahnen und Insignien, mit denen die Kolonisatoren früherer Epochen ihr Besitzrecht über ein bis dahin herrenloses Territorium anzeigten? Den bundesdeutschen Postminister Schwarz-Schilling mit Gefolge durch Leipziger Straßen ziehen zu sehen, die Gebäude zu beiden Seiten mit zufriedenem Ausdruck musternd, führte in die Welt alter Wochenschauen zurück, die Generäle bei der Fahrt durch die besetzte Stadt zeigen, mit einem Kopfnicken die Gebäude bezeichnend, die künftig als Hauptquartier oder als Offiziersmesse dienen sollen. Unannehmlichkeiten, die sonst mit der Besetzung fremder Territorien einhergehen, blieben den bundesdeutschen Kolonisatoren erspart: Sie hatten sich nicht mit sprachlichen Verständigungsproblemen herumzuschlagen und fanden eine

Bevölkerung vor, die nicht erst aufwendig zur loyalen Zusammenarbeit überredet werden mußte. Man konnte sich zuhause fühlen und war gleichzeitig woanders, sogar in einer Region von verborgen exotischem Reiz, wie der auf den Seiten der *Bildzeitung* ausgetragene Orgasmusstreit andeutete: Hinter den grauen und abbröckelnden Fassaden von Halle und Chemnitz lockte demnach ein Paradies ungezügelter Leidenschaften, wie man es in Thailand oder der Karibik vermutet hätte. Die Wege des Begehrens, das auch noch fließend deutsch sprach und in der vertrauten weißen Gestalt auftrat, hatten sich erfreulicherweise erheblich verkürzt.

Da sich die Bundesdeutschen auf dem Territorium der DDR sowohl in der Fremde als auch mit vollem Recht zuhause fühlen, dürfen sie endlich einmal die angestrengte Zurückhaltung ablegen, die sich bei der Abwicklung erfolgreichen Geschäftsverkehrs mit ausländischen Partnern empfiehlt. Endlich sind sie unter ihresgleichen und fühlen sich nicht mehr mißtrauisch beobachtet. Seit der Währungsunion hat man das Recht, den Kellner anzuschreien, wenn er für die hartverdiente D-Mark nicht schnell genug die Mahlzeit serviert. Verkehrsregeln und ähnliche Vorschriften mögen für die zurückgebliebenen Eingeborenen gelten, für Bundesdeutsche haben sie nur folkloristische Bedeutung. Damit die Autobahnen in der DDR überhaupt als Verkehrswege ernstgenommen werden können, müssen sie mit Höchstgeschwindigkeit befahrbar sein; der Verkehrsminister der DDR bemühte sich auch sogleich verzweifelt, Autobahnabschnitte zu finden, die sich aus der allgemeinen Geschwindigkeitsbegrenzung herausnehmen lassen. Die Bundesregierung wiederum hat gleich nach der Wahl im März die Gelegenheit ergriffen, das in der Bundesrepublik zum Scheitern verurteilte Transrapid-Projekt in die DDR zu verlegen, wo sie mit einer Bevölkerung rechnet, die der Nachholbedarf nach Geschwindigkeit milde stimmt. Die DDR beunruhigt die Bundesdeutschen nicht durch widerspenstige Fremdartigkeit, sondern präsentiert sich ihnen als eine Art leerer Raum, der darauf wartet, von ihnen gefüllt, besetzt und aus seinem Dornröschenschlaf erlöst zu werden. Die Bundesdeutschen müssen sich zudem nicht durch das Bewußtsein gehemmt fühlen, bei der Kolonisierung dieses Territoriums in irgendeiner Weise widerrechtlich zu handeln: Denn sie sind von der DDR in einer demokratischen Wahl gerufen worden und können Besitztitel vorweisen, die ihnen das

Recht geben, in den Kellern und Dachböden der DDR herumzuwühlen und den Vorwurf zu erheben, daß ihr Eigentum während ihrer Abwesenheit äußerst lieblos und nachlässig verwaltet worden ist.

Endlich dürfen die Bundesdeutschen auch die demokratischen Lektionen weitergeben, denen sie sich nach dem Zweiten Weltkrieg so willig und eifrig unterzogen hatten, daß sie den Drang in sich verspürten, auch andere an dem Gelernten kosten zu lassen. In der Nachbarschaft gab es aber niemanden, der danach verlangt hätte, denn der Lehrplan war überall der gleiche gewesen. Eine Belehrbarkeit, die immer nur sich selbst zu feiern hat, wird aber leicht mürrisch in ihrer Haut. Im rechten Augenblick eröffnete sich in der DDR ein Betätigungsfeld, auf dem die Belehrten nun ihrerseits belehren dürfen. Die sofort nach der Maueröffnung in die DDR entsandten Sachverständigen der Regierung, der Parteien und der Wirtschaft blieben nicht lange unter sich. Die Bundesdeutschen wurden zu einem Volk von Beratern, die auf allen Gebieten des Lebens Bescheid wissen und ihre reichen Erfahrungen anzubieten haben. Je besser sie ihre Schüler in der DDR kennenlernen, desto rätselhafter erscheint es ihnen, wie es denen gelungen ist, jahrzehntelang ohne Rat und Beistand aus dem Westen durchs Leben zu kommen. Daß die DDR-Bürger selbst es waren, die im Herbst 1989 von sich aus mit ihren Demonstrationen die Machthaber der SED aus dem Amt gejagt hatten, ist ein Jahr danach kaum mehr zu glauben. Es muß ihnen jemand hilfreich beratend zur Seite gestanden haben. »Unsere erste siegreiche deutsche Revolution«, so hatten damals schon linke Schlagzeilen aus der Bundesrepublik vielsagend gelautet. Die DDR-Bürger waren nur zum Schein dabei, mit der Nationalisierung der Erhebung im deutschen »wir« wird die Wahrheit verraten, daß, wenn da überhaupt etwas war, es nur aufgelöst in der bundesdeutsch beherrschten Zeitgeschichte überdauern kann.

Wie jede Kolonisierung, so verfolgt auch die nachgeholte bundesdeutsche das Ziel, im Bewußtsein der Kolonisierten den Gedanken an ihre eigene Existenz vor dem Gnadenakt der Kolonisierung zu entwirklichen. Der Einbruch der westlichen Zeit, der die Lebenszeit der DDR-Deutschen mit einem neuen Maß versieht, hilft dabei kräftig mit. Der Austausch der in der DDR produzierten Waren gegen westliche Produkte im Handel der DDR trägt ebenso dazu bei, das Bewußtsein der Kolonisierten von Erinnerungen an ein früheres Dasein zu reinigen, das nicht von Anfang an im Zeichen seiner Hinfälligkeit stand. Als flankierende Maßnahme empfiehlt sich die Liquidierung der Kultur, die sonst dauerhafter als Waren die Erinnerung an eine nicht schon immer für die Kolonisierung bestimmte Geschichte aufbewahren und weitergeben könnte.

Der Auftakt zu diesem Schritt ließ sich bereits im Februar 1990 beobachten, als der damalige Ministerpräsident Hans Modrow mit seinen Ministern vom Runden Tisch in Bonn verhandelte. Daß es nichts zu verhandeln gab zu einem Zeitpunkt, als die Bundesregierung fest mit einem Wahlsieg ihrer Verbündeten in der DDR am 18. März rechnete, hatte die Regierungsdelegation aus Ost-Berlin rasch begriffen. Um bei der abschließenden Pressekonferenz in Bonn nicht mit ganz leeren Händen dazustehen, sprach Modrow davon, daß die DDR in das künftige vereinte Deutschland neben einem gewissen Anlagevermögen auch »Werte einzubringen hat, geistige und kulturelle Werte, die in Jahrzehnten trotz alledem gewachsen sind«. Das kaum unterdrückte Hohngelächter des westlichen Publikums verriet schon den Preis, zu dem solche Werte in Zukunft gehandelt würden.

Hatten sich die Angriffe auf Christa Wolf, Heiner Müller, Stephan Hermlin und andere in den Wochen nach der Maueröffnung noch als Teil einer Auseinandersetzung begreifen lassen, die den Gegnern der deutschen Vereinigung galt, so verlangte die Wiederaufnahme der Kampagne nach der Entscheidung über die Vereinigung eine andere Deutung. Es ging nicht mehr um politische Positionen, sondern um die Beseitigung der kulturellen Geschichte der DDR, soweit sie sich nicht auf die Kultur der Arbeit reimt. Die Geistes- und Sozialwissenschaften der DDR sind nichts als eine »Wüste«, stellte der Präsident der bundesdeutschen Max-Planck-Gesellschaft fest und lehnte es ab, diese Wüste ans bundesdeutsche Bewässerungssystem anzuschließen. Die FAZ machte die Entdeckung, daß die wackeren Pragmatiker die »Helden der Stunde« sind, während die zu »Helden der Utopie« erklärten Künstler, Schriftsteller und Geisteswissenschaftler dem SED-Regime schamlos gedient hätten, »sozusagen in der ersten Reihe der Ideologie«.[2] Mit etwas anderen Worten beteiligte sich bald die übrige Presse bis hin zur taz an der kulturellen Ausschabung der DDR. Besenrein soll das östliche Gelände übergeben werden.

Im Zeitrafferverfahren wurde gegenüber der DDR wiederholt, was in der Bundesrepublik schon einmal in längeren Fristen gegenüber den nichteuropäischen Kulturen durchgespielt worden war. Am Anfang war die Faszination durch das Exotische, die Entdeckung, daß das Primitive der primitiven Kulturen eine Projektion der europäischen Zivilisation ist, die das feine Netz andersartiger gesellschaftlicher Organisationsformen nicht erkennen kann, die Bereitschaft, den eigenen Standort zu relativieren. Das »Recht auf die Differenz« wurde hochgehalten, die Sehnsüchte flogen zum »anderen«, die Berührung mit dem Fremden enthielt ein Glücksversprechen. In dem Maß jedoch, in dem die um ihre Befreiung kämpfenden Völker der Dritten Welt das ganz andere nicht verwirklichten, um dessentwillen ihr Kampf bewundert worden war, verlor das Fremde an Anziehungskraft, und gewann die eigene Zivilisation wieder an Wert. Die Liebe zum Fremden erkannte sich selbst als pathologischer Selbsthaß, der sehnsüchtige Blick über die Grenzen der eigenen Kultur wurde der Fehlreaktion des schlechten Gewissens zugeschrieben, das Europa unnötigerweise entwickelt hat, aus dem Wilden Denken grinste auf einmal die Fratze von Pol Pot hervor.

Im Fall der DDR ist es die Staatssicherheit, die sich in den Falten einer früher einmal geschätzten literarischen Sprache versteckt, die Kunst der feinen Anspielung entlarvt sich als Geste der Feigheit, der melancholische Ton verrät die Seele des Kollaborateurs, das »andere« der DDR-Kultur entpuppt sich als Mangel an Standard. Der früher einmal als »Zonen-Beckett« apostrophierte Heiner Müller rückt an den Müll heran, Christa Wolf ist als SED-»Staatsdichterin« entlarvt, kurz, in der bundesdeutschen Literaturkritik geht 1990 der Geist aufgebrachter Massen um, die sich die erstbesten greifen, die sie erwischen können, um an ihnen ein Exempel zu statuieren. In der kulturellen Säuberung der DDR hat der gelangweilte Kulturbetrieb der Bundesrepublik endlich eine lohnende Aufgabe gefunden, deren pflichtgemäße Erledigung anzeigt, daß in Angelegenheiten von nationalem Interesse auf ihn Verlaß ist, daß er nicht nur als Luxus unterhalten wird.

Fünfundvierzig Jahre friedlicher bundesdeutscher Nachkriegsentwicklung tragen ihre Früchte. Sie haben nicht nur eine Gesellschaft zufriedener Wirtschaftsbürger, sondern auch eine Gesellschaft Unschuldiger hervorgebracht. Die Verstrickung der meisten Deutschen in das nationalsozialistische Regime liegt schon so lange zurück, daß Verstrickungen überhaupt etwas Irreales geworden sind. Von 1990 aus gesehen, erscheint die Bundesrepublik als ein seit Menschengedenken von allen Spuren der Verbrechen, der Kollaboration mit den Machthabern, der stillen Anpassung an das Unrecht gereinigtes Land. Daß es nicht die Deutschen selbst waren, die nach der militärischen Zerschlagung des Nationalsozialismus über dessen Anführer zu Gericht saßen, sondern die alliierten Sieger, ist vergessen. Vergessen ist ebenfalls, daß die meisten Bundesdeutschen überhaupt nichts dagegen hatten, in der Gesellschaft unbehelligter bürokratischer Massenmörder zu leben, daß sie sich erst unter äußerem Druck, unter dem Protest überlebender Opfer, dazu bequemten, einige von ihnen zur Rechenschaft zu ziehen. Sogar der rohe und selbstgerechte Antifaschismus der DDR hat eine zeitlang als Druck gewirkt, weil die Drohung des SED-Staats, bestimmte Dokumente an die Öffentlichkeit zu bringen, die eine oder andere bundesdeutsche Staatsanwaltschaft Ermittlungen gegen Nazitäter aufnehmen ließ. Aber das alles hat die nachgewachsene Unschuld vergessen. Die inzwischen eingetretene biologische Lösung des Naziproblems ist Teil ihrer Lebensleistung geworden.

So fühlt sich die bundesdeutsche Unschuld vollauf berechtigt, unter Hinweis auf die gelungene Entnazifizierung der Bundesrepublik die sofortige und vollständige Reinigung der DDR von ihrem Stasi- und SED-Schmutz zu verlangen. Seit sich die DDR auch noch dankenswerterweise die Bürde der RAF aufgeladen hat, fällt auf die bundesdeutsche Unschuld kaum noch ein Schatten.

Nach der Einführung der D-Mark steht die Einführung der bundesdeutschen Geschichtsdeutung auf der Tagesordnung, als abschließender geistiger Kolonisierungsakt, der die Einsicht durchsetzen soll, nicht nur, daß der reale Sozialismus gescheitert, sondern auch, daß das ganze in ihm und gegen ihn geführte Leben ein Irrtum gewesen ist, der restlos abgeschrieben werden muß, da die wahre deutsche Geschichte erst mit der Gegenwart beginnt.

»Ja, die Leute ließen ihren Sozialismus und ihr Aufbegehren zuhause und kamen mit ihrem Fleiße und ihrer Genügsamkeit und ihrem Ordnungsbedürfnis, und wurden fast alle was, wie Deutsche immer, wo sie Raum haben.« Hans Grimm, der deutsche Kolonialbarde, könnte fast vollständig Recht behalten haben, bis auf die von ihm gestellte Bedingung des Raums. Den haben die Deutschen nicht, an seine Stelle ist die energieentbindende Kraft der knappen Zeit getreten. Die Beschleunigung, die auf den Mangel an Zeit antwortet, hat sich als politisch erfolgreiches Verfahren bewährt, die Vereinigung von BRD und DDR gegen äußere und innere Widerstände durchzusetzen. Es ist aber noch nicht ausgemacht, ob sich die bundesdeutsche Geschwindigkeit auf Dauer halten läßt und ob sie überhaupt dazu taugt, der Bildung einer *Gesellschaft* im vereinten Deutschland Spielraum zu lassen. Die schnelle Kolonisierung der DDR könnte sich unter Umständen als Bumerang erweisen.

Was sich in den Köpfen vieler Menschen bewegen wird, wenn sie aus der Betäubung durch das Tempo erwachen, weiß niemand. Es kann sein, daß sich diejenigen, die das Verlangen nach demokratischer Selbstbestimmung im Herbst 1989 auf die Straße getrieben hat, um die der Geschwindigkeit geopferten Demokratie betrogen fühlen und sie erneut, diesmal nachdrücklicher, einfordern. Es kann aber auch sein, daß die rasende Geschwindigkeit die ökonomischen Versprechen nicht zu halten vermag, deretwegen sich die Mehrheit vom Tempo mitreißen ließ. Falls der seit Beginn der achtziger Jahre anhaltende Boom sich abkühlt, wird sich der Temperaturabfall umso stärker auf die deutsche Ökonomie auswirken, als sie dann zusätzlich durch den Aufwand belastet ist, den sie treiben muß, um den östlichen Teil des Produktionsapparats für die härter werdende Weltkonkurrenz fit zu machen.

Niemand weiß, ob die Deutschen dann gelassen auf den Abschied vom Spitzenplatz reagieren und einen nachsichtigen Blick auf ihre Nachbarn im Osten werfen, denen es in jedem Fall ungleich schlechter geht, oder ob sie sich entsprechend einem eingeübten Reflex als die wiederum Benachteiligten, von aller Welt Verkannten und vom Platz an der Sonne Verdrängten aufführen.

Es war ja wieder einmal das Ausland, in diesem Fall die Sowjetunion Gorbatschows, das ihnen die Geschichte mit der Vereinigung eingebrockt hat.

»Was Sie über das Sowjetexperiment schreiben, schlägt bei mir ein. Wir sind durch dasselbe um eine Hoffnung – und eine Illusion – ärmer geworden und haben keinen Ersatz dafür. Wir leben schlechten Zeiten entgegen; ich sollte mich mit der Stumpfheit des Alters darüber hinwegsetzen, aber ich kann's nicht helfen, daß mir meine sieben Enkel leidtun.«[1]

Das schrieb Sigmund Freud am 7. 12. 1930 an Arnold Zweig. Dreizehn Jahre nach der Oktoberrevolution bereits die Ahnung, daß die Alternative Sowjetunion nicht von Dauer ist: Keine Erleichterung, sondern die Erwartung schlechter Zeiten, in denen eine Hoffnung ersatzlos gestrichen ist. Freuds Melancholie von 1930 nimmt auf eigentümliche Weise die depressive Verfassung vorweg, die sich sechzig Jahre später bemerkbar macht, obwohl das Scheitern des Sowjetexperiments 1990 keine Neuigkeit mehr ist und die Entlassung Osteuropas aus dem sowjetischen Machtbereich das Ende vieler Leiden und die Erfüllung zahlloser Sehnsüchte nach Freiheit bedeutet.

Der Ungar Georg Hodos ist eines der zahlreichen Opfer der stalinistischen Gewaltherrschaft gewesen, die die Sowjetunion nach dem Zweiten Weltkrieg auf das von der Roten Armee besetzte Osteuropa ausgedehnt hat. Der kommunistische Intellektuelle Hodos geriet 1949 in die Fänge der Terrorjustiz, die in den osteuropäischen Ländern das Phantom einer innerparteilichen, von amerikanischen Agenten gesteuerten Verschwörung erfand, um die Parteiapparate zu säubern und zum willigen Instrument der Moskauer Zentrale zu machen. Im Gegensatz zu den Hauptangeklagten der Schauprozesse kam Hodos mit dem Leben davon, wurde nach fünf Jahren Haft amnestiert und konnte 1956 Ungarn verlassen. In den USA schrieb er das Buch *Schauprozesse*, einen der wichtigsten zeitgenössischen Beiträge zur Erklärung des stalinistischen Terrors und seiner persönlichkeitszerstörenden Wirkung.[2]

Befragt nach seiner Reaktion auf das Ende der realsozialistischen Herrschaft in den osteuropäischen Ländern, schrieb der in den USA lebende Hodos Anfang 1990: »Ich leide unter dem Zusammenbruch, weil er eine Welt zurückzubringen droht, deren Ablehnung mich damals zum Sozialisten gemacht hat, und ich muß jetzt das Wiederauftauchen längst totgeglaubter Gespenster mitansehen. Es ist nur ein schwacher Trost, daß der Tod des Sozialismus nicht endgültig sein kann. Reaktion, Unterdrückung, Ungerechtigkeit, Armut werden ihn irgendwann wieder in neuer Form hervorbringen. Das Herz schlägt immer noch links; der Sozialismus wird, vielleicht unter einem anderen Namen, wieder das Gewissen der Menschen, die Hoffnung für ihre bessere Zukunft werden. Schade, daß ich nur den Triumph und Tod des Falschen, nicht aber die Neugeburt des Richtigen erleben kann.«[3]

Merkwürdige Übereinstimmung mit der Trauer Freuds von 1930, die mit dem Entschwinden einer Zukunftshoffnung heranwuchs. Aber gleichzeitig ist das Schlechte der erwarteten schlechten Zeiten auf unterschiedliche Weise entmutigend. Freud litt nicht um seinetwillen, sondern seiner Nachkommen wegen an der Verdüsterung der Perspektive. Georg Hodos dagegen hält den Zusammenbruch der sozialistischen Hoffnung für nichts Endgültiges. Er leidet darunter, weil seine Lebenszeit ihm nicht erlaubt, Zeuge einer späteren Wende zum Besseren zu werden, auf die er vertraut. Die Wiederkehr der Gespenster, die er verabscheut, das Auftauchen nationalistischer, rassistischer und antisemitischer Leidenschaften in Osteuropa enthält für ihn die Botschaft, daß die Geschichte nicht stillsteht und daß gerade der Einbruch vergangener Phantome den Sprung in eine nicht vorhersehbare Zukunft vorbereitet. Für die nahe Zukunft Osteuropas allerdings sieht Georg Hodos schwarz: Statt des von den neuen Regierungen versprochenen Wohlfahrtsstaats erwartet er die Entwicklung hin zu einem Zustand, den zynischere Beobachter als »Drittweltschicksal mit menschlichem Gesicht« bezeichnen.

Das Aufflammen nationaler Konflikte in Osteuropa wird vielfach als Reaktion auf den abstrakten Internationalismus erklärt, den die sowjetische Hegemonie den von ihr beherrschten Ländern aufgezwungen hat. Demnach erwacht der Nationalismus, der sich in Rumänien an der ungarischen Minderheit austobt oder Tschechen und Slowaken gegeneinander aufbringt, ganz einfach deshalb zu neuem Leben, weil mit dem Abzug der sowjetischen Besatzung die künstlich unterhaltene Kälte weicht, in der die Konflikte bisher eingefroren waren. Die Erklärung klingt plausibel und dient außerdem der Beruhigung der Westeuropäer, da sie die aufbrechenden Spannungen ganz der realsozialistischen Vergangenheit zuschreibt und von jedem Zusammenhang mit der eigenen Gegenwart abschneidet. Erst einmal an einem Weltmarkt beteiligt, der nationale Abgrenzungen von sich aus außer Kraft setzt, würden sich die Völker Osteuropas solche anachronistischen Ticks von alleine abgewöhnen.

Vielleicht aber verdeckt der Anachronismus nur seinen Gegenwartsbezug. Vielleicht greifen die Völker Osteuropas auf ihn zurück, um aus einer Gegenwart zu flüchten, die ihnen nach der Euphorie der Befreiung keine bessere Aussicht anbietet als die, für lange Zeit zu den Abgehängten im ökonomischen Wettlauf zu gehören. Der Club der Spitzenreiter hat kein Interesse daran, Osteuropa soweit hochzupäppeln, daß daraus ernsthafte Konkurrenten hervorgehen können. Er ist mit der Konkurrenz im eigenen Club ausreichend bedient. Vielleicht wird den Osteuropäern dunkel bewußt, daß die demokratische Freiheit kein Territorium besitzt, das die Neuankömmlinge freudig aufnimmt und beschützt, sondern daß sie den Zugang zu einer Arena öffnet, in der das Gesetz der Reichen und Schnellen das Spiel bestimmt.

Nationalistische und regional-chauvinistische Tendenzen regen sich aber auch in der reichen Welt. Einem Teil ihrer Bevölkerung enthält sie die Gratifikationen vor, die für die aktive Teilnahme an der Beschleunigungskonkurrenz vergeben werden. Je teurer und knapper die Zeit wird, desto weniger steht davon für Verhandlungen, Auseinandersetzungen, Erklärungen, Anpassungsprozesse, Ausprobieren alternativer Lösungen zur Verfügung. Weil alles schnell gehen muß, muß auch die Gewöhnung an die Geschwindigkeit beschleunigt werden. Die Assoziation von Langsamkeit mit realsozialistischem Scheitern befördert den Fehlschluß, daß Schnelligkeit zu den Attributen der Demokratie gehöre.

Die Priorität der Geschwindigkeit bedeutet in Wirklichkeit die Zerstörung der Demokratie, weil sie dem einzelnen nur noch die Wahl läßt, entweder sich dem Tempo anzupassen oder abgehängt zu werden, also keine Wahl mehr läßt. Die zunehmende Wahlenthaltung in den westeuropäischen Ländern und die Erosion der Parteienlandschaft sind Symptome dafür, daß das Politische seine Besetzung durch Hoffnungen, Wünsche und Leidenschaften verliert. Der Imperativ der Entwicklung läßt dem, der sich ihm entziehen will, nur den Ausweg ins Abseits der gesellschaftlichen Peripherie.

Die Zivilisation der Zeit bringt keine Sprache hervor, die ihr in ihren eigenen Kategorien begegnen kann. Es bleibt unklar, ob der Rückgriff auf territorial und ethnisch bestimmte Vorstellungen sich noch innerhalb der Logik der Zeit bewegt oder ob er Ausdruck eines Widerstands ist, den der Raum der ihn liquidierenden Zeit entgegensetzt. Der vom Weltmarkt vernichtete Raum verschwindet nicht spurlos, sondern lebt in den Köpfen der Menschen fort, weil räumliche Vorstellungen das Denken bestimmen. Die herrschende Zivilisation scheint insofern dem Verlangen nach dem territorialen Anhaltspunkt Rechnung zu tragen, als sie dezentralisiert und regionalisiert; lokale Radio- und Fernsehkanäle versprechen Abbilder der lokalen Wirklichkeit, liefern das bestimmte Territorium aber sogleich wieder an die Verzeitlichung aus, indem sie es für die Zirkulation der Werbung und der Waren erschließen. Der Raum reduziert sich auf die austauschbare materielle Grundlage, auf der die herrschende Zivilisation ihrem immanenten Ziel, der Herstellung absoluter Gleichzeitigkeit, entgegenrast.

Ob sie es schließlich erreicht und damit zusammen mit den territorialen Unterschieden die unterschiedlichen, zeitversetzten Geschichten der Völker und Kulturen auslöscht, wird von der Bereitschaft der Individuen abhängen, ihr Schicksal ganz mit dem der Entwicklung zu verknüpfen, mit der die Zivilisation der Zeit steht und fällt. Möglicherweise erzeugt sie selbst die Hindernisse, die ihrem Siegeszug im Weg stehen. Indem sie die Zeit verknappt, in der Überzeugung und Gewöhnung stattfinden können, wird sie mehr und mehr als Gewalt erfahren. Sie kann stumpfe Unterwerfung provozieren, aber auch diffusen Widerstand. Vielleicht aber besteht ihre latent selbstzerstörerische Tendenz darin, daß der in ihr eingebaute Zwang zur Beschleunigung die menschliche Wahrnehmungsfähigkeit überfordert und dadurch die subjektive Basis ihrer Reproduktion untergräbt. Auf einer höherentwickelten Stufe konnte sich wiederholen, was dem Hochkapitalismus widerfuhr, als er die Ausbeutung der Arbeitskraft über die Grenze hinaustrieb, hinter der die physische Vernichtung der Arbeitskraft begann. Nur gab es damals eine Arbeiterbewegung, die das Kapital lautstark daran erinnerte, daß es im Begriff war, in der Arbeitskraft seine eigenen Instrumente zu schädigen. Wer aber schlägt in Zukunft Alarm, wenn die Gewalt der Geschwindigkeit schleichend aufs Bewußtsein übergreift, wenn sie die Koordinaten Raum und

Zeit verdreht, innerhalb derer sich das menschliche Subjekt bisher konstituiert hat?

Vielleicht sind die nationalen, ethnischen und religiösen Fundamentalismen der Gegenwart ein solches Alarmzeichen. Aber sie sprechen eine zu verworrene und vieldeutige Sprache, um sich als bestimmte Warnung zu erkennen zu geben. Aus ihrer Sprache läßt sich herauslesen, was je nach Interessenlage herausgelesen werden soll. Zum Beispiel der Ausdruck einer historischen Rückständigkeit, die nicht mit sich reden lassen will und sich hartnäckig gegen den aufklärenden Einfluß der westlichen Modernität sperrt. Ein unzugänglicher Rest steckt in dem eigenartigen Beharren auf Denkweisen, die für die hochentwickelte Welt in die dunklen Zonen ihrer eigenen Vorgeschichte verbannt sind. Wenn die übrige Welt von dem Verlangen erfüllt zu sein scheint, auf dem Gebiet des Konsums und der Technik die Zentren nachzuahmen, ist es kränkend, mitanzusehen, daß der Nachahmungstrieb vor den Werten haltmacht, die der demokratischen Zivilisation am teuersten sind. Was unerklärlich ist, wird aber nicht nur als Kränkung, sondern auch als Bedrohung empfunden.

Es fällt auf, daß das Ende der politischen Spaltung Europas und das Abklingen der militärischen Blockkonfrontation nicht als die große befreiende Erleichterung gefeiert wurde, die überall ersehnt worden war. Ein Gefühl der Bedrohung liegt immer noch in der Luft, es hat nur die Quelle gewechselt. Es hat an Unheimlichkeit sogar zugenommen, weil es keinen Anhaltspunkt mehr in dem strategischen Kalkül findet, durch das die nuklearen Supermächte USA und Sowjetunion aneinandergekettet sind. Deren Vernichtungspotential läßt sich berechnen und ist in gewisser Weise sichtbar, die Quelle des neuen Bedrohungsgefühls hat keinen bestimmten Ort und keine meßbare Quantität. Offenbar fehlt Westeuropa ein wichtiges Stimulans, wenn es sich nicht bedroht fühlt, also tauscht es die Gespenster aus, die den Schrecken verbreiten.

Wenn der rechtsradikale Rattenfänger Le Pen das Horrorszenario einer arabisch-islamischen Invasion Frankreichs entwirft, entfernt er sich nicht sehr weit von den Bedrohungsphantasien, die in Europa umgehen. Nachdem die Leichenberge vergessen sind, die der gleichgültig verfolgte Golfkrieg aufgetürmt hatte, zieht der Irak durch die Annexion Kuwaits auf einmal massive europäisch-amerikanische Interventionen auf sich. Die

Waffen, die beide Blöcke an ihn lieferten, solange der Krieg mit dem Iran in ihrem Interesse lag, werden auf einmal wirklich gefährlich. Kaum hatte man sich das Gefahrenpotential chemischer Waffen in der Bundesrepublik vom Hals geschafft, taucht es im Nahen Osten wieder auf. Auch von pakistanischen Atomwaffen ist verstärkt die Rede, wozu dann die Bilder fanatisierter muslimischer Massen die entsprechende Unterstreichung beitragen. Es wird auch schon vorgeschlagen, die aus dem Lager der Feinde ausgeschiedene Sowjetunion zur Unterzeichnung einer Cocom-Liste einzuladen, die diesmal die Weitergabe strategisch bedeutsamer Technologien an Länder der Dritten Welt verhindern soll.

Das Verlangen der hochentwickelten Welt nach stimulierender Bedrohung scheint eng mit der uneingestandenen Erwartung verbunden, daß aus dieser Richtung eine Bedrohung kommen muß. So als rechnete man unbewußt mit einer Vergeltung für das Unrecht, das die Dritte Welt zu erdulden hat. So als wüßte man dunkel, daß die Bedrohung, wenn sie denn real bestünde, auch einen Grund hätte. Die Verfügung über moderne Waffentechnologien wird deshalb gefürchtet, weil es die einzige Form von Technologie ist, mit deren Hilfe die abgehängten Länder der Dritten Welt die Zeitzonen überspringen und in die Gegenwart der hochentwickelten Welt vorstoßen könnten, ohne vom Gewicht ihrer Ökonomie behindert zu sein. Der ökonomische Krieg gegen die Zentren kann nicht gewonnen werden. Ein einzelnes hochentwickeltes Waffensystem aber kann an einer empfindlichen Stelle treffen.

Die Deutschen haben zum Glück ganz andere Sorgen. Sie sind einstweilen sosehr mit sich und ihrer aufreibenden Vereinigung beschäftigt, daß ihnen die Zeit fehlt, sich nach fernen Gespenstern umzublicken. Kurzfristig hatten sie selbst Besuch von ihren eigenen nationalen Kellergeistern erhalten und ein wenig böse um sich geschaut; die anderen aber hatten den Wink sogleich verstanden und gute Miene zum deutschen Spiel gemacht. Aus ihren vergangenen Erfahrungen mit den Deutschen haben die Nachbarn den Schluß gezogen, daß es am besten ist, ihnen keine Steine in den Weg zu legen und ihnen aufmunternd und anerkennend zuzulächeln, wenn sie auf dem Trip sind. Dann hat man am ehesten vor ihnen Ruhe. So fühlt sich das glücklichste Volk der Erde von niemandem bedroht. Katastrophen fürchtet es nicht, weil es schon alle hinter sich hat.

Anmerkungen

1 *Maske der Langsamkeit*

1. Stephan Hermlin, »Wo sind wir zuhause?«, *Freibeuter* 1, 1979, S. 53
2. Alfred Jarry, *Le Surmâle/Der Supermann*, Berlin 1969 (Gerhardt), S. 21.

2 *Zivilisation der Zeit*

1. Immanuel Kant, *Werke*, hg. v. Wilhelm Weischedel, Frankfurt/Main 1968, Bd. III, S. 79.
2. Benjamin Lee Whorf, *Sprache-DenkenWirklichkeit*, Beiträge zur Metalinguistik und Sprachphilosophie, Reinbek 1963, S. 15, S. 102.
3. Serge Moscovici, »L'espace, le temps et le social«, in: *L'espace et le temps aujourd'hui*, Paris 1983, S. 262.
4. Karl Marx, *Grundrisse der Kritik der politischen Ökonomie*, Frankfurt/Main 1969, S. 438.
5. Moscovici, ebda, S. 262 f.
6. *taz*, 15. 5. 1990.

3 *Volk ohne Raum*

1. Kurt Tucholsky, *Gesammelte Werke*, Bd. 6, S. 215.
2. Hans Grimm, *Volk ohne Raum*, Ausgabe in einem Band, München 1935, S. 573.
3. ebda., 558.
4. ebda., 643.
5. ebda., 329.
6. ebda., 1258.
7. ebda., 1260 f.
8. ebda., 1259.
9. George Orwell, »›Mein Kampf‹ von Adolf Hitler«, in: *Das George Orwell Lesebuch*, Zürich 1981, S. 241.
10. Adolf Hitler, *Mein Kampf*, Ausgabe in einem Band, München 1933, S. 742.
11. Ebda, S. 729.

4 *Deutsche Raserei, abgasgereinigt*

1. Karl Otten, *Geplante Illusionen*, Eine Analyse des Faschismus, Frankfurt/Main 1989, S. 213.
2. Peter Brückner, *Versuch, uns und anderen die Bundesrepublik zu erklären*, Berlin 1978, S. 86.
3. »Vom Nutzen und Nachteil der feindlichen Übernahme«, *Freibeuter* 43, 1990, S. 149.
4. Zit. n. Istvan Bibo, *Misère des petits Etats de l'Europe de l'Est*, Paris 1986.

5 ***Schmerzlose Erinnerung***

1. Alfred Jarry, *Le Surmâle/Der Supermann,* S. 44.
2. Alfred Grosser, *Le crime et la mémoire,* Paris 1989.
3. *Die Zeit,* 1. 12. 1989.

6 ***Das geregelte Chaos***

1. Witold Gombrowicz, *berliner notizen,* Pfullingen 1965, S. 111 f.
2. Walter Benjamin, »Der Sürrealismus«, Gesammelte Schriften, Werkausgabe, Frankfurt/Main 1980, Bd. 4, S. 308.
3. *Witold Gombrovicz, a. a. O., S. 90.*

7 ***Der Feind im Taschenrechner***

1. Fatema Mernissi, *Der politische Harem. Mohammed und die Frauen.* Frankfurt/Main 1989, S. 23 f.
2. *Le Monde,* 4. 5. 1990.
3. Mohammed Arkoun, *Pour une critique de la raison islamique,* Paris 1984, S. 50, S. 28.
4. Fatema Mernissi, a. a., O., S. 27 f.
5. *taz,* 18. 2. 1989.
6. *Libération,* 11. 5. 1989.
7. *The Guardian,* 25. 2. 1989.
8. *Die Zeit,* 7. 4. 1989.
9. *Le Monde,* 14. 4. 1989.
10. *Neue Zürcher Zeitung,* 8. 3. 1989.
11. Salman Rushdie, »Ist denn nichts heilig«? FAZ, 10. 2. 1990.
12. Elvio Fachinelli, *Der stehende Pfeil. Drei Versuche die Zeit aufzuheben.* Berlin 1981, S. 128.

8 ***Vereinigung als Fusion zweier Zeiten***

1. Jürgen Habermas, *Die nachholende Revolution,* Frankfurt/Main 1990, S. 180 f.
2. »Die Aufbauer«, *FAZ*, 21. 6. 1990.

9 ***Freuds Melancholie, deutsches Glück***

1. Sigmund Freud/Arnold Zweig, *Briefwechsel,* Frankfurt/Main 1968, S. 37.
2. Georg Hermann Hodos, *Schauprozesse.* Stalinistische Säuberungen in Osteuropa 1948–54. Frankfurt/Main – New York, 1988.
3. *Die Zeit,* 23. 2. 1990.

Foto: Isolde Ohlbaum

LOTHAR BAIER, geboren 1942, lebt in Frankfurt am Main; Jean-Amery-Preis für Essayistik 1987.

Im Verlag Klaus Wagenbach erschienen

Die große Ketzerei
Verfolgung und Ausrottung der Katherer durch Kirche und Wissenschaft

Gleichheitszeichen
Streitschrift über Abweichung und Identität

Firma Frankreich
Eine Betriebsbesichtigung

LOTHAR BAIER

Die große Ketzerei
Verfolgung und Ausrottung der Katharer durch Kirche und Wissenschaft

»Das materialreiche und mit großem Engagement geschriebene Buch, mit dem Lothar Baier, ohne sie zu glorifizieren, Partei für jene ergreift, die abweichender Meinung waren, ist ein Musterbeispiel für eine Methode anschaulicher und zugleich reflektierender Geschichtsschreibung.«
Helmut Scheffel, Frankfurter Allgemeine Zeitung
WaT 108. 208 Seiten mit zahlreichen Abbildungen

Gleichheitszeichen
Streifschriften über Abweichung und Identität

»In Zeiten wütender Vernunftkritik hält Lothar Baier an aufklärerischen Positionen fest, ohne sich an orthodoxe Standpunkte zu klammern. In jedem dieser Texte steckt die Überzeugung, daß wir nicht zuviel, sondern zuwenig Vernunftgeschichte erlebt haben. Im Nebel der Postmoderne, in der Athmosphäre in intellektueller Beliebigkeit und Gleichgültigkeit leisten diese ›Streitschriften‹ wichtige Orientierungsarbeiten.«
Sibylle Cramer, Frankfurter Rundschau
WaT 124. 120 Seiten

Firma Frankreich
Eine Betriebsbesichtigung

Spätestens jetzt, da die Firma Frankreich Anstalten macht, mit der Firma BRD zu fusionieren, müssen wir uns fragen, wer da als Compagnon kommt, mit welchen Absichten und mit welchen Folgen für das übrige Europa.
WaT 155. 144 Seiten

PETER BRÜCKNER

Freiheit, Gleichheit, Sicherheit
Von den Widersprüchen des Wohlstands
Eine grundlegende Konfrontation der heutigen deutschen, bürgerlichen Gesellschaft mit den Idealen der französischen, bürgerlichen Revolution.
WaT 163. 160 Seiten

Ulrike Marie Meinhof und die deutschen Verhältnisse
»Peter Brückner stellt die Stationen eines Denkens dar – und daraus wird ein Stück Geschichte der Bundesrepublik VORWÄRTS
WaT 29. 192 Seiten

Das Abseits als sicherer Ort
Kindheit und Jugend zwischen 1933 und 1945
»In dieser Autobiographie demonstriert Brückner was Psychologie zu leisten vermag. Der sorgsame Blick auf den NS-Alltag ist erhellender als dessen überschwängliche Theorie.« DIE ZEIT
WaT 66. 160 Seiten. Mit zahlreichen Abbildungen

Selbstbefreiung
Provokation und soziale Bewegungen
Zwei Aufsätze, die zeigen, was wir aus den Provokationen der Jungen lernen müssen, damit die Selbstbefreiung der einzelnen zur Freiheit aller werden kann.
WaT 104. 112 Seiten

Psychologie und Geschichte
Vorlesungen im »Club Voltaire« 1980/81
»Brückners Buch gleicht einer Werkzeugkiste, in der die Instrumente so bereitliegen, daß sie zum Weiterexperimentieren einladen.« SÜDWESTFUNK
Broschur. 280 Seiten

BARBARA SICHTERMANN

Der tote Hund beißt

Karl Marx, neu gelesen

Ein Lesebuch gegen das politische Vergessen: Karl Marx, vorgestellt als prognostischer Denker, scharfsichtiger Kritiker des real existierenden Kapitalismus und begabter Schriftsteller.

WaT 184. 144 Seiten

FrauenArbeit

Über wechselnde Tätigkeiten und die Ökonomie der Emanzipation

In diesen Beiträgen beschreibt Barbara Sichtermann, daß sich für lange Zeit der soziale Wandel der Gesellschaft am klarsten in Frauenpolitik und Frauenpraxis äußert.
Und sie entwirft eine Perspektive: die Zukunft des weiblichen Unternehmungsgeistes.

WaT 144. 144 Seiten

Wer ist wie?

Über den Unterschied der Geschlechter

Mit diesem Band über die produktiven Unterschiede zwischen den Geschlechtern greift Barbara Sichtermann die noch immer offenen und vieldiskutierten Fragen der Emanzipationsbewegung auf.

WaT 153. 112 Seiten

Vorsicht Kind

Eine Arbeitsplatzbeschreibung

für Mütter, Väter und andere. Ein praktischer Ratgeber für Eltern – diesmal im Umgang mit sich selbst.
Ein Haus- und Tagebuch gegen den ›Behindertenstatus Mutterschaft‹, das vom Alltag mit einem kleinen Kind berichtet, von Problemen und ihren Lösungen.

WaT 87. 216 Seiten

Weiblichkeit

Zur Politik des Privaten

Zehn aufregende Versuche, die Liebe zwischen den Geschlechtern und die Lust auf Kinder zu verteidigen, ohne den Feminismus preiszugeben: über Weiblichkeit als Emanzipation.

WaT 106. 128 Seiten

Lothar Baier, Wilfried Gottschalch,
Reimut Reiche, Thomas Schmid, Joscha Schmierer,
Barbara Sichtermann, Adriano Sofri
Die Früchte der Revolte
Über die Veränderung der politischen Kultur durch
die Studentenbewegung
WaT 162. 160 Seiten

Vito Fumagalli Der lebende Stein
Stadt und Natur im Mittelalter
WaT 164. 136 Seiten

Heinrich von Berenberg (Hrsg.)
Der eiserne Besen
Eine Innenansicht des heutigen England
WaT 165. 160 Seiten

Yann Richard Die Geschichte der Schia im Iran
WaT 167. 160 Seiten

Lucien Febvre Der neugierige Blick
Leben in der französischen Renaissance
WaT 171. 144 Seiten

Ernst R. Piper Der Aufstand der Ciompi
Über den ›Tumult‹, den die Wollarbeiter im Florenz der
Frührenaissance anzettelten
WaT 175. 128 Seiten mit Abbildungen

Pierre Vilar Spanien
Das Land und seine Geschichte von den Anfängen bis zur Gegenwart
WaT 176. 160 Seiten mit Abbildungen

Carlo Ginzburg Der Käse und die Würmer
Die Welt eines Müllers um 1600
Mit einem Vorwort des Autors
WaT 178. 240 Seiten